27 La rue de grenelle.
28 Grande chaussée qui va a la ruuer
29 Grandes allees d'arbres.
30 Pres pour la promenade.
31 Rue S.t Dominique.
32 Rue du pre aux clercs.

LE DÔME DES INVALIDES

« Passant dans les rues de Paris,

je regardais chaque fois le dôme des Invalides

et me disais : comme c'est triste que le dôme initial qui

avait été prévu pour être doré, orné, soit si gris, si terne

au milieu de cette si belle ville, pour un monument

qui est peut-être le plus beau de tous ! »

François Mitterrand
14 avril 1995

François Poche
Textes de Jean-Claude Rochette

LE DÔME DES INVALIDES

UN CHEF-D'ŒUVRE
RESTAURÉ

SOMOGY
ÉDITIONS D'ART

Vue panoramique sur les cours de l'hôtel des Invalides depuis le lanternon du dôme.

Conception graphique : Jean-Louis Germain
Coordination éditoriale : André Bendjebbar
Suivi éditorial : Frédérique Gallimard-Decoudun

© Éditions d'art Somogy et Musée de l'Armée, Paris, 1995
ISBN 2-85056-230-0

« Trois corps de logis, formant avec l'église un carré long, composent l'édifice des Invalides. Mais quel goût dans cette simplicité ! Quelle beauté dans cette cour qui n'est pourtant qu'un cloître militaire où l'art a mêlé les idées guerrières aux idées religieuses et marié l'image d'un camp de vieux soldats aux souvenirs attendrissants d'un hospice ! C'est à la fois le monument du Dieu des armées et du Dieu de l'Évangile. La rouille des siècles qui commence à le couvrir lui donne de nobles rapports avec ces vétérans, ruines animées, qui se promènent sous ses vieux portiques. Dans les avant-cours, tout retrace l'idée des combats : fossés, glacis, remparts, canons, tentes, sentinelles. Pénétrez-vous plus avant, le bruit s'affaiblit par degrés et va se perdre à l'église, où règne un profond silence. Le bâtiment religieux est placé derrière les bâtiments militaires, comme l'image du repos et de l'espérance au fond d'une vie pleine de troubles et de périls.

Le siècle de Louis XIV est peut-être le seul qui ait bien connu ces convenances morales, et qui ait toujours fait dans les arts ce qu'il fallait faire, rien de moins, rien de plus. »

François René de Chateaubriand
LE GÉNIE DU CHRISTIANISME

REMERCIEMENTS

Le chantier exceptionnel de la restauration du dôme des Invalides a été initié par le président de la République, François Mitterrand, dans le cadre des Grands Travaux et de la célébration du bicentenaire de la Révolution française.

Depuis lors, les ministères de la Culture et de la Défense ont eu à cœur de mener à terme cet ambitieux programme.

Les auteurs du livre veulent aujourd'hui dire leur gratitude au général de Galbert, au général Remondeau, à J.-P. Bady, Y. Boiret, C. Prevost-Marcilhacy, F. Macé de Lépinay, J.-P. Godderidge. Ils tiennent à rappeler l'action de mécénat du World Monuments Fund pour la restauration des peintures.

Par ailleurs ils remercient tous ceux qui, à titre divers, les ont aidés : J.-L. Bouvier, F. Boyer, I. de Broglie, A. Cassoti, J.-F. Cluzel, M.-J. Delatouche, L. Didda, J. Dubos, B. Gelbmann, F. Guignard, B. Jestaz, B. Laurent, R. Le Douarin, A. Lejars, S. Loubry, R. Martin, J. Memain, J. Montluçon, M. Montpetit, M. Noailles, R. Poche, J. Redlinski, R. Reissner, B. Roux, F. Souchal, A.-M. Sugauste, A. Texier, A. Vidal, I. Zamanski.

Il importe de rappeler que la réalisation des photos présentées dans ce livre et qui illustrent l'exposition du dôme a été facilitée par le soutien actif, apporté dès le début de la campagne de restauration à l'Atelier culturel de production et de diffusion d'œuvres artistiques par le ministère du Commerce et de l'Artisanat et la Direction de l'artisanat, ainsi que par Agfa-Gevaert ; Amica ; les ateliers Bouvier, Fancelli, Gohard, Billiez ; Charbonnel ; Entrepose ; la fondation de Coubertin ; Graphichrome ; Landowski Fondeur ; La Seigneurie ; Layher ; Nielsen-Design ; Pradeau et Morin ; Susse Fondeur.

SOMMAIRE

15 TROIS SIÈCLES D'HISTOIRE
L'Ancien Régime, 16 - Le XIXe siècle, 28
Le XXe siècle, 30

33 LA RESTAURATION
DE L'ÉGLISE DU DÔME
La décision, les études, projet et marchés, 34
Les échafaudeurs, 44 - Les couvreurs, 54

63 LA DORURE
Les doreurs, 64 - Les sculpteurs, créateurs
de statues et les fondeurs, 84

101 LA PIERRE
Les carrières, 102 - Les altérations de la pierre, 106
Les reprises de pierres, 113
La restauration des ornements sculptés, 122
Les statues en pierre, 126

143 LES PEINTURES
Les textes anciens, 144 - Les essais IN SITU, 154
Le pendentif de saint Marc, 154
La calotte terminale, 160
Les douze apôtres de Jouvenet, 162

174 ÉPILOGUE
180 ANNEXES
Extrait de l'article « Art » de Diderot
dans L'ENCYCLOPÉDIE, 181
Les Invalides demain, 182
Remise de décorations aux artisans du chantier, 186
Glossaire, 187
Éléments de bibliographie
Liste des entreprises, artisans et artistes
ayant participé au chantier, 189
Le World Monuments Fund, 190

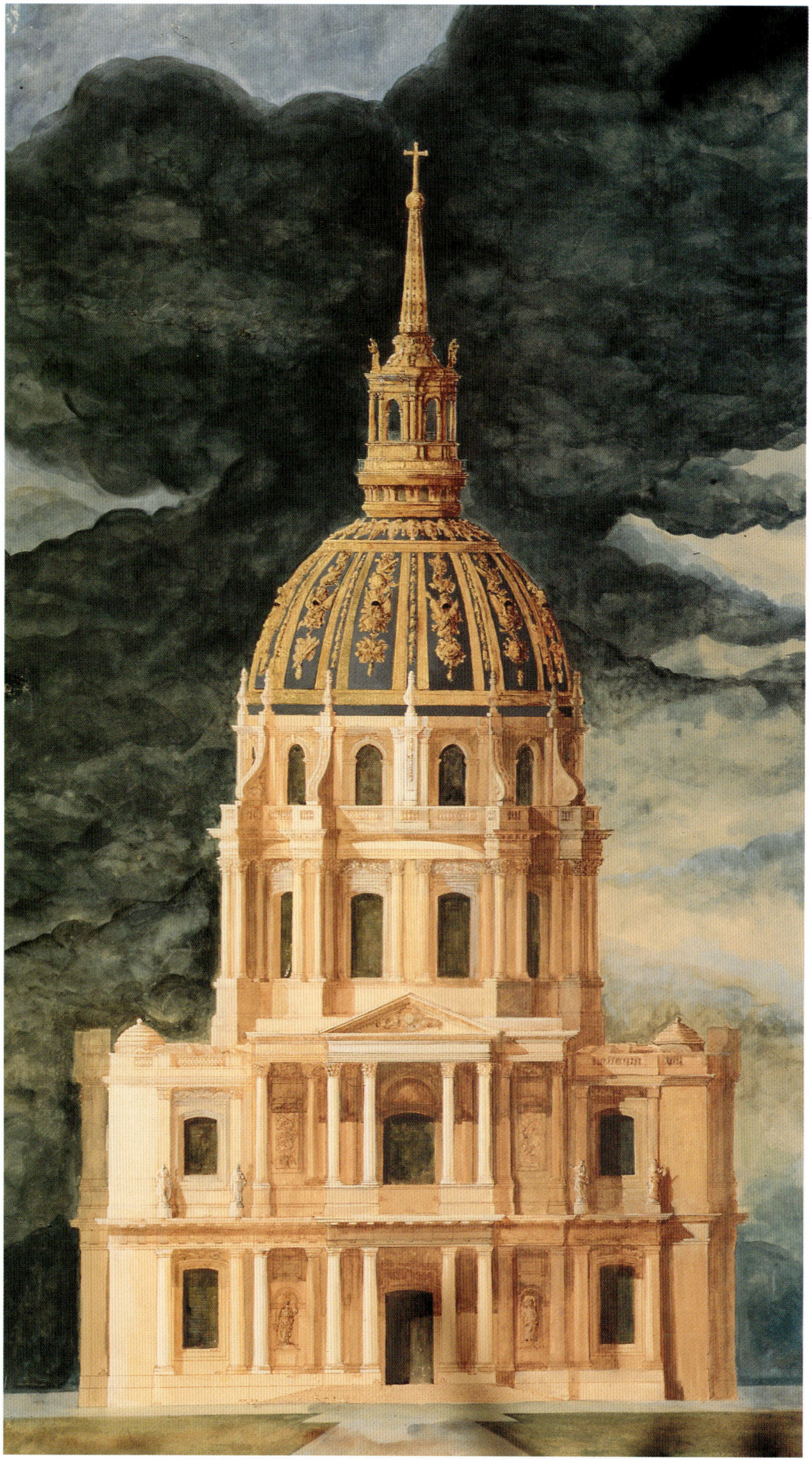

PRÉFACE

Devant nos yeux émerveillés, l'hôtel des Invalides resplendit. Ce ne fut pas sans peine ; de longues années d'austères travaux s'avérèrent en effet nécessaires pour démolir les constructions annexes qui fermaient les perspectives, creuser les douves, ouvrir les jardins et refaire près de trois hectares de toitures.

Puis à un architecte plein d'enthousiasme et de talent, Jean-Claude Rochette, revint la tâche de couronner l'édifice avec le dôme rénové, présenté dans ce livre, à travers les photos de François Poche.

En dépit de l'effort à réaliser, la dorure devait être achevée avant la célébration du bicentenaire de la Révolution française.

Le 14 juillet 1789, jour où l'Hôtel fut envahi, l'armement saisi et la Bastille conquise, débuta le calvaire du marquis de Sombreuil, douzième gouverneur des Invalides. Refusant d'émigrer par fidélité à ses soldats blessés, il donna sa vie pour eux le 17 juin 1794 et monta sur l'échafaud avec son fils Stanislas et cinquante-deux autres condamnés.

La décision de redorer le dôme, porteur des symboles de la monarchie, à l'occasion du bicentenaire de la Révolution, pouvait donc sembler choquante. Elle ne reflétait en réalité que le souci d'une réhabilitation du patrimoine, ainsi que la réalité d'une volonté commune et constante de la Royauté, de l'Empire et de la République de perpétuer la vocation historique de l'hôtel des Invalides.

C'est aux successeurs des bâtisseurs d'autrefois — tailleurs de pierre, échafaudeurs, maçons, fondeurs, doreurs —, amoureux du travail bien fait, que le dôme doit, aujourd'hui, d'avoir retrouvé sa jeunesse et sa beauté. Bijou d'or ciselé par leurs soins, il s'offre dans toute sa scintillante magnificence aux habitants et aux visiteurs de la capitale, ainsi qu'aux valeureux soldats pensionnaires de l'Institution nationale.

Pour ces derniers, tout particulièrement, il est un compagnon et un symbole.

Général (c.r) de Galbert
39e gouverneur des Invalides (1973-1991)

Projet de dorure établi en 1985 par Jean-Claude Rochette, aquarelle et or.

AVANT-PROPOS

«Admirable en toutes parties [...], l'un des plus glorieux à la piété du roi.» Saint-Simon, qui n'était pas un tendre, qualifie ainsi ce qui est encore l'un des plus beaux édifices de Paris, le plus grand que nous ait légué ce siècle qui fut grand. Le directeur du musée de l'Armée qui exerce, avec d'autres, une part de responsabilité sur l'église des Invalides, celui que les textes désignent comme le « gardien du tombeau de l'Empereur » ne peut que se réjouir qu'un immense effort de restauration restitue peu à peu son lustre et sa magnificence à l'Hôtel national et que, tout particulièrement ces dernières années, le dôme ait bénéficié de l'action conjuguée des ministères de la Culture et de la Défense.

Le musée de l'Armée, qui, par ailleurs, vient de créer un département consacré à l'histoire des Invalides, a souhaité faire connaître au public la geste de cette restauration menée sous la direction de Jean-Claude Rochette, architecte en chef des Monuments historiques. Belle occasion de rappeler le rôle tenu par chacun, de dévoiler les problèmes rencontrés, de révéler les réalisations d'artistes et d'artisans de talent, de faire redécouvrir ce lieu de ferveur et de gloire ; opportunité d'admirer la maquette du dôme, aimablement prêtée par le musée national des Techniques.

Avec l'autorisation de l'architecte en chef, deux photographes de qualité ont eu le privilège de suivre au jour le jour le progrès des restaurations. Son Altesse royale le duc d'Orléans ayant déjà présenté au public ses plus belles photographies consacrées uniquement à la dorure, c'est aujourd'hui au tour de François Poche d'exposer, sous le dôme même, celles qu'il a réalisées au cours des trois chantiers successifs (dorure, façade, peinture). Elles font l'objet de ce bel ouvrage, qu'accompagne le texte solidement documenté de Jean-Claude Rochette, le véritable chef d'orchestre de ce chantier en plein ciel.

Que tous deux soient remerciés pour avoir bien voulu faire partager leur enthousiasme et leur talent. Nous associons à ces remerciements le World Monuments Fund, son président pour la France. Hubert de Givenchy. et la princesse Isabelle de Broglie, sa vice-présidente, la Société des amis du musée de l'Armée et le général Bley, son président, dont l'aide a permis à cet ouvrage de voir le jour sous la coordination d'André Bendjebbar, commissaire de l'exposition.

Une étape dans la rénovation des Invalides s'achève. Elle n'est certes pas la dernière. D'ores et déjà, la réhabilitation de l'un des quatre grands réfectoires, projetée par le musée de l'Armée, a été retenue par les deux ministères concernés, ce qui laisse présager une restitution prochaine du décor mural, dans toute sa pureté originelle. Un nouveau chapitre s'ouvre donc dans l'histoire de la restauration des Invalides.

Jacques Perot
conservateur général, directeur du musée de l'Armée

La coupole intérieure en cours de restauration.

UNE ENTREPRISE EXEMPLAIRE

Le ministère de la Défense participe activement à la rénovation et à la mise en valeur du patrimoine dont il est affectataire.

Ce patrimoine est constitué de cent quatre-vingt-neuf monuments historiques, parmi lesquels l'hôtel national des Invalides constitue un ensemble monumental construit à la fin du XVIIe siècle, sous la direction de Libéral Bruant puis de Jules Hardouin-Mansart.

Ce monument bénéficie depuis 1983 d'un programme pluriannuel de restauration financé à parts égales par le minitère de la Culture et de la Francophonie et celui de la Défense. Une coopération étroite unit les deux ministères, dans le cadre d'une commission interministérielle créée à l'occasion de ces travaux.

Dès la fin de 1989, la réfection des couvertures s'achevait. Les travaux se sont poursuivis par l'aménagement de l'angle sud-est des Invalides et le ravalement des façades de la cour de Nîmes, sous la conduite de l'architecte en chef des Monuments historiques et de la Direction du patrimoine.

Parallèlement, un effort particulier était consacré au dôme, ainsi qu'au lanternon et à la flèche qui le surplombent. 12,65 kilos d'or ont servi à cet ouvrage dont les travaux ont été achevés pour les cérémonies du bicentenaire de la Révolution française.

Dans le même temps, le ministère de la Culture et de la Francophonie assurait sur son budget propre, avec l'aide d'un mécénat du World Monuments Fund France, la restauration des fresques intérieures du dôme.

En application d'un protocole signé par les deux ministères en mai 1994, il est prévu de poursuivre l'extension du chantier aux lucarnes de la cour d'honneur et au dallage de l'église.

Les premiers succès de cette étroite collaboration ont incité la Culture et la Défense à multiplier leurs liens de partenariat. L'École militaire, l'Hôtel de la Marine, le Val-de-Grâce, le château de Vincennes et les citadelles de Brest et de Lille recueillent aujourd'hui les fruits de cette politique. Pour l'année 1995, un budget de 66 MF a été dégagé pour poursuivre cet engagement commun, traduisant la volonté de mener une politique exigeante de conservation du patrimoine.

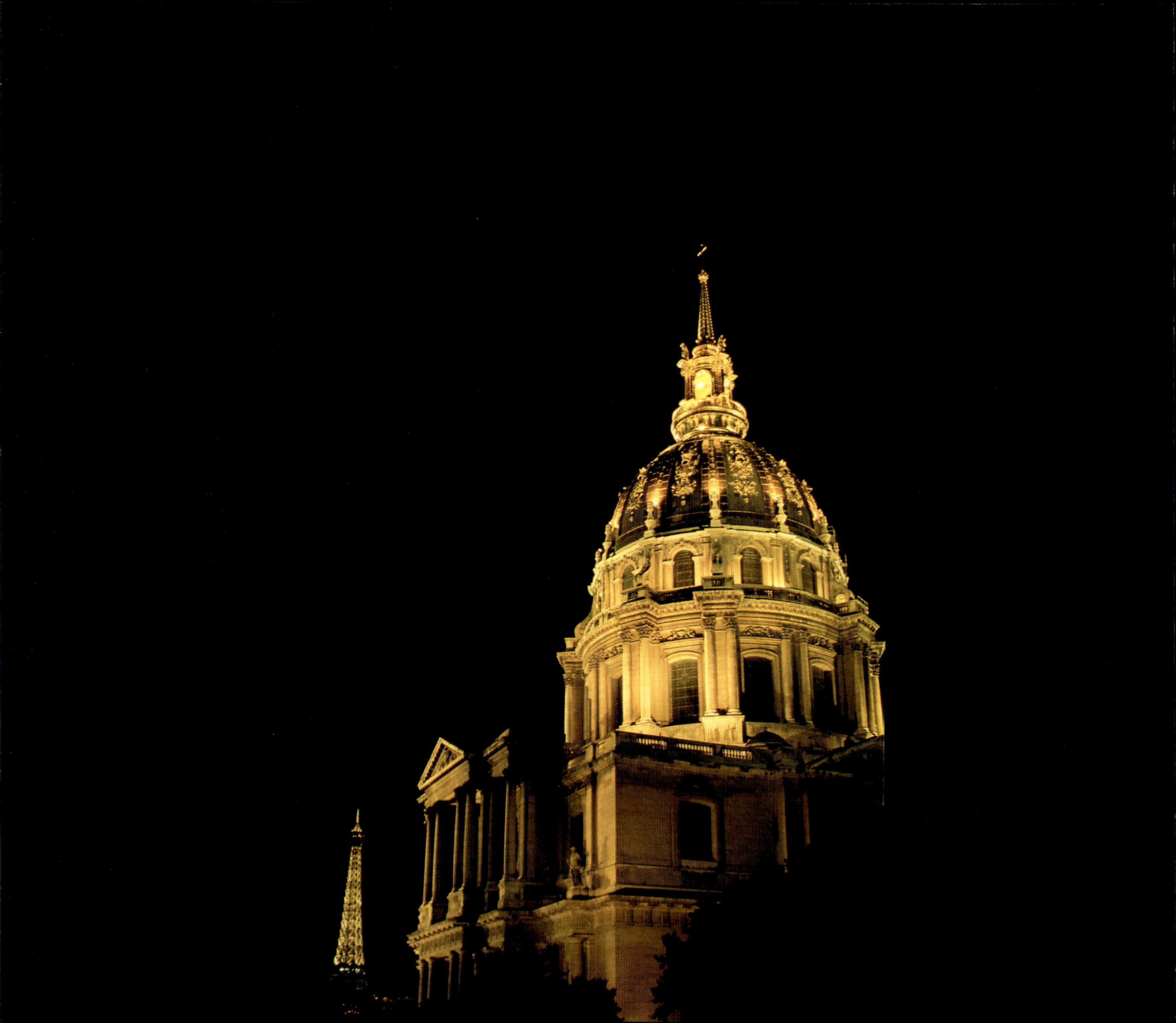

Trois Siècles d'Histoire

« Louis le Grand par munificence régalienne pour ses soldats, prévoyant pour l'éternité, fonda cet édifice en 1675. »
La statue refaite après les destructions révolutionnaires continue d'accueillir les visiteurs.

« Défense et illustration des métiers d'art », telle est l'ambition de cet ouvrage à travers les photos prises au cours de cinq années de chantier à l'église du dôme des Invalides. Ces photos parlent d'elles-mêmes. Elles montrent à la fois les chefs-d'œuvre du passé et le travail des compagnons, artisans et artistes à travers les siècles, et aujourd'hui encore, pour maintenir l'ensemble en état, panser les blessures dues au temps et aussi, bien souvent, au vandalisme des hommes. Un bref rappel historique est néanmoins nécessaire pour comprendre ce que représente dans notre patrimoine artistique cet ensemble des Invalides à travers plus de trois siècles d'existence, en s'attardant un peu sur la conception architecturale de l'église du dôme.

L'Ancien Régime

De Philippe Auguste à Louis XIII, plusieurs rois de France se préoccupèrent, au nom de la charité chrétienne, de la morale et de l'hygiène publique, du sort des rescapés des batailles, estropiés, vieux ou « caducs ».

Dans la seconde moitié du XVIIe siècle, après trois guerres successives, l'augmentation du nombre des invalides rendait difficile leur accueil par les communautés monastiques qui en avaient l'obligation. Livrés à la mendicité et souvent à la délinquance, ils représentaient à Paris une population de gueux pitoyables et inquiétants. Le XVIIe, grand siècle religieux, considérait la charité, selon l'exemple de saint Vincent de Paul, comme une obligation pour tous et particulièrement pour le roi. Confiés aux plus grands architectes du temps, l'hôpital Saint-Louis, la Salpêtrière, Bicêtre figurent parmi les réalisations d'envergure qui précédèrent la construction de l'hôtel des Invalides.

Louis XIV sentit en effet la nécessité de venir en aide à ceux qui avaient payé dans leur chair leur tribut à sa puissance. Il décida de les accueillir dans un établissement digne de sa grandeur et qui contribuerait à sa propre gloire. En 1670 il confia donc à Louvois la création de « l'hôtel royal des Invalides ».

Ce rébus de pierre, bien dans l'esprit précieux du temps, montre un loup qui nous regarde (Loup voit : Louvois).

Libéral Bruant.

Le projet et les travaux incombèrent à l'architecte Libéral Bruant, qui dessina et réalisa de 1671 à 1674 les superbes bâtiments de l'Hôtel proprement dit avec la monumentale façade vers la Seine, la cour d'honneur encadrée de quatre cours annexes et les bâtiments plus bas autour des cours secondaires. Le caractère hospitalier, indissociable à l'époque du caractère monastique, est magnifié par une grandeur toute militaire. L'ensemble dégage une impression de puissance royale exceptionnelle. Ce palais, qui tient à la fois de la caserne, du couvent et de l'hôpital, fut une réussite qui fit l'admiration de tous. Louis XIV voulut le magnifier encore. L'église des soldats n'était pas construite ; son emplacement était réservé au fond de la cour d'honneur, entre les bâtiments déjà réalisés.

Les sévères projets successifs présentés par Libéral Bruant ne séduisirent pas le roi. Il pensa que cette église devait être conçue comme un chœur de religieux et s'ouvrir sur un édifice plus grandiose qui lui serait

TROIS SIÈCLES D'HISTOIRE

Jules Hardouin-Mansart.

réservé. Il confia la réalisation de cet ensemble à un jeune architecte qui le servait depuis peu à Versailles, du nom de Jules Hardouin-Mansart, moins austère et plus dynamique que Libéral Bruant. Selon la légende, Louis XIV demanda à Jules Hardouin de lui présenter un plan dans la semaine suivant sa décision et l'architecte s'exécuta dans le délai prescrit. L'utilisation des dessins de François Mansart par Jules Hardouin pour l'établissement de son projet rend cette gageure parfaitement possible.

Jules Hardouin portait à son grand-oncle, François Mansart, une réelle admiration. Il avait hérité de son cabinet et ajouté son nom au sien. Il avait aussi pieusement conservé tous les dessins de celui qu'il considéra toujours comme son maître. Ces dessins, repris après sa mort par Robert de Cotte, sont parvenus jusqu'à nous et se trouvent aujourd'hui au cabinet des Estampes de la Bibliothèque nationale de France.

DOUBLE PAGE SUIVANTE
Mars et Minerve présentent au roi le projet complet des Invalides. Dans le lointain, l'église du dôme, dressée derrière les bâtiments de l'Hôtel encore en construction. En fait, le dôme ne sera construit que longtemps après l'achèvement de l'Hôtel. La peinture a donc été composée dès la commande du roi à Jules Hardouin pour l'église du dôme et avant sa construction.

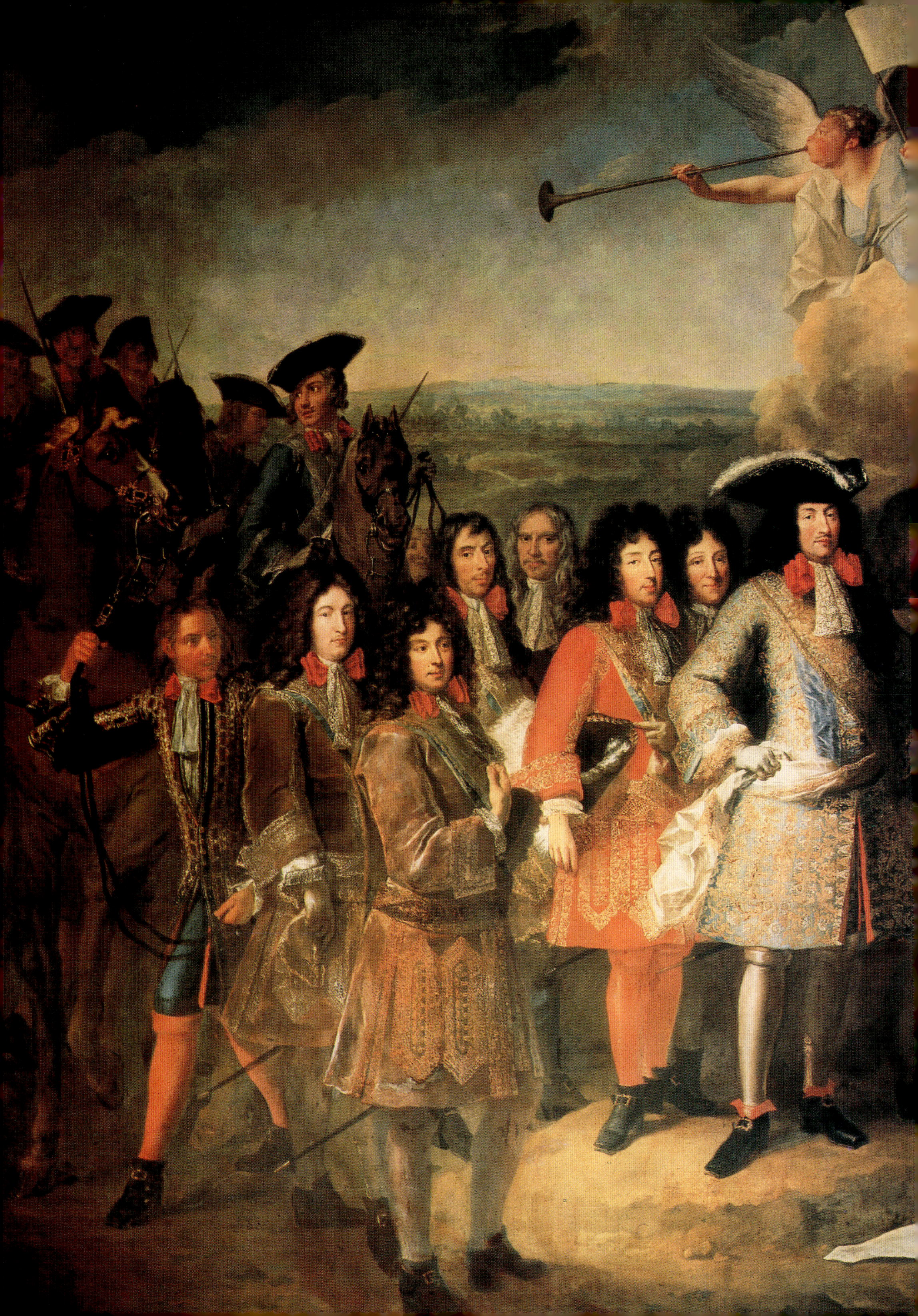

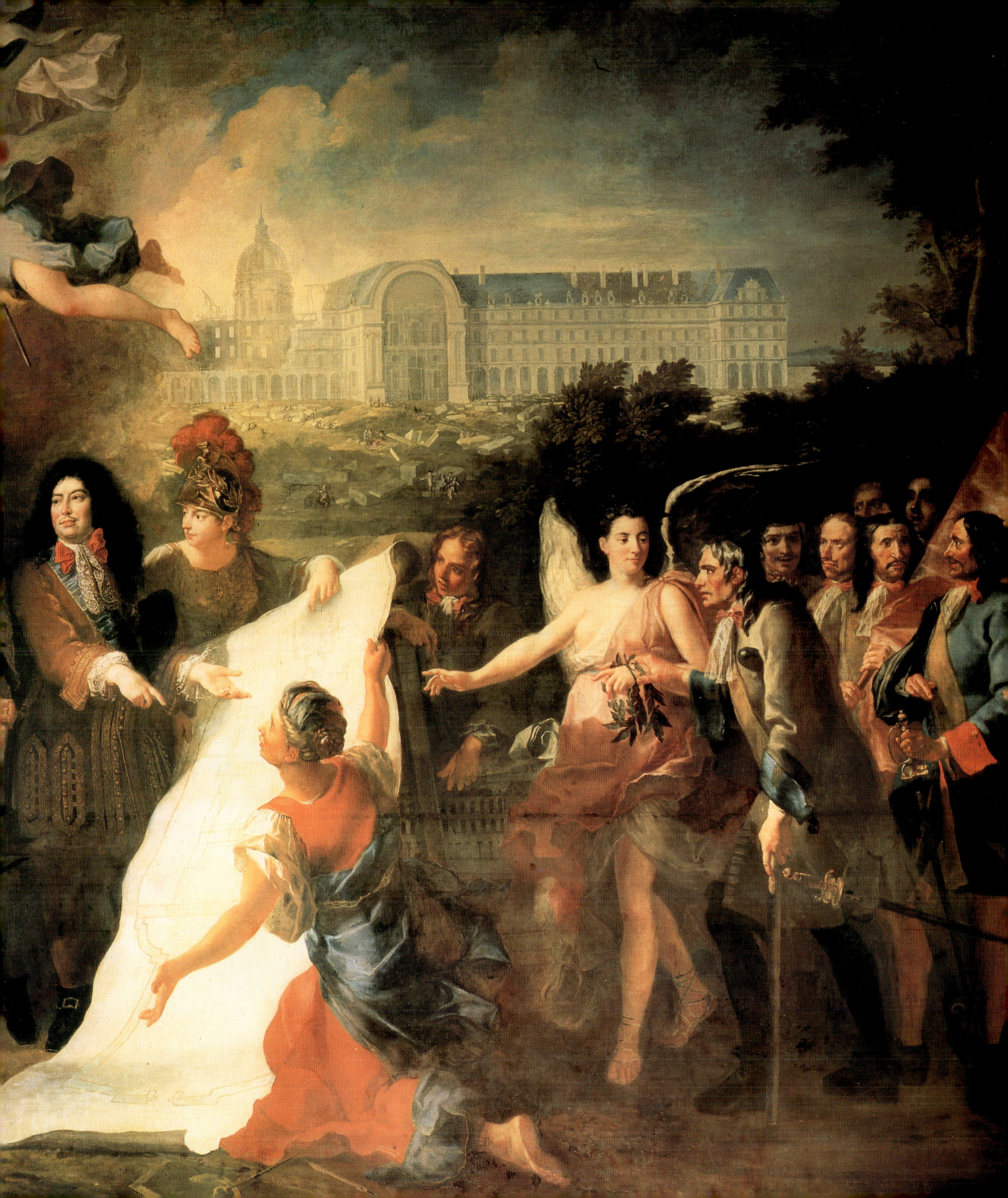

Louis Hautecœur signalait, il y a plus de cinquante ans déjà, la filiation évidente entre l'esquisse de François Mansart pour la chapelle des Bourbons à Saint-Denis et les dispositions du dôme des Invalides, notamment en ce qui concerne la géniale conception des deux coupoles superposées. Si François ne réalisa jamais son projet de Saint-Denis, Jules Hardouin l'exploita magistralement et sut trouver aux Invalides, dans l'étage supérieur du tambour en maçonnerie, l'éclairage naturel de la peinture de la calotte supérieure. Le ciel où le roi présente son épée à la Vierge et au Christ apparaît ainsi dans une lumière exceptionnelle. Par ailleurs, des points communs entre la façade des Invalides et les dessins de François Mansart pour l'église des Minimes ont également été trouvés.

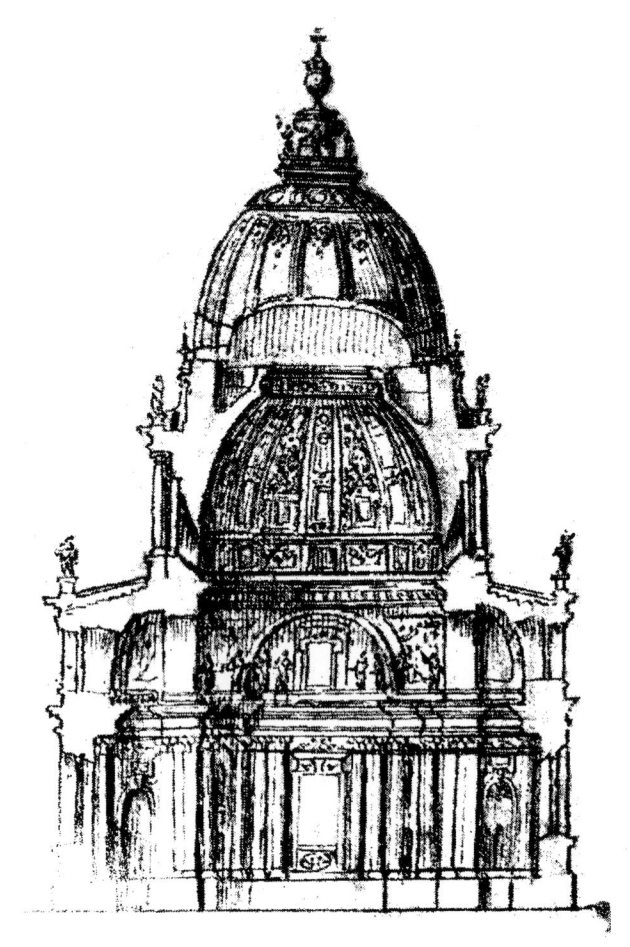

En consacrant ma thèse à l'église du Val-de-Grâce, j'eus la chance de découvrir et d'identifier au cours de mes recherches au cabinet des Estampes, avec Allan Braham et Peter Smith, d'éminents confrères anglais spécialistes de François Mansart, le projet original de ce dernier pour l'église du Val-de-Grâce sous la forme d'un plan d'ensemble et d'une coupe. Ces dessins avaient échappé à l'inventaire de la collection Robert de Cotte dont ils faisaient partie. Sans entrer dans l'histoire de la construction du Val-de-Grâce[1], il est bon de rappeler que François Mansart, auteur du projet de l'église du Val-de-Grâce, ne réalisa de

PAGES 22 ET 23
Comparaison de la coupe du projet de François Mansart pour la chapelle des Bourbons à Saint-Denis (à gauche) avec la coupe du dôme des Invalides de Jules Hardouin (à droite).

---

1. Cf. ma contribution à ce sujet dans l'ouvrage TRÉSORS D'ART SACRÉ À L'OMBRE DU VAL-DE-GRÂCE, Délégation à l'action artistique de la Ville de Paris, 1988, p. 84-125, et l'ouvrage d'Allan Braham et Peter Smith, FRANÇOIS MANSART, Ao. Zwemmer Ltd., Londres, 1973.

1645 à 1646 que les fondations, les cryptes et la partie basse de l'édifice jusqu'à hauteur de la corniche du grand ordre. Il fut évincé du chantier et c'est Lemercier qui construisit la coupole actuelle selon un projet différent de celui retrouvé au cabinet des Estampes. Le programme de François Mansart pour la coupole est donc resté à l'état de dessins, lesquels passèrent entre les mains de Jules Hardouin, qui les a utilisés aux Invalides, comme il a utilisé ceux de la chapelle des Bourbons de Saint-Denis et ceux de la chapelle des Minimes. La coupe de la coupole du Val-de-Grâce conservée aux Estampes est établie suivant un axe diagonal passant par les chapelles d'angle nord-est et sud-ouest, avec vue vers la chapelle sud-est.

Ce point de vue original et la qualité graphique du tracé en font un document exceptionnel. Son analyse montre tout d'abord que la partie basse est parfaitement conforme à l'exécution, ce qui correspond à l'histoire du monument. Au-dessus de l'entablement c'est un projet bien différent de l'exécution qui apparaît : un haut socle surmonte l'entablement sur lequel reposent les arcs des hémicycles. Puis on atteint une corniche circulaire portée par de robustes consoles jumelées. Vient ensuite un court tambour percé de huit petites fenêtres. Les axes de la composition correspondent à des maçonneries pleines. Le dôme intérieur présente un galbe elliptique fort élancé. Huit nervures décorées d'entrelacs correspondent aux ouvertures et séparent la voûte en quartiers. Un très large oculus orné d'une frise délicate ouvre sur une petite coupole, sans doute en staff, où apparaît Dieu le Père. Cet effet de « perspective

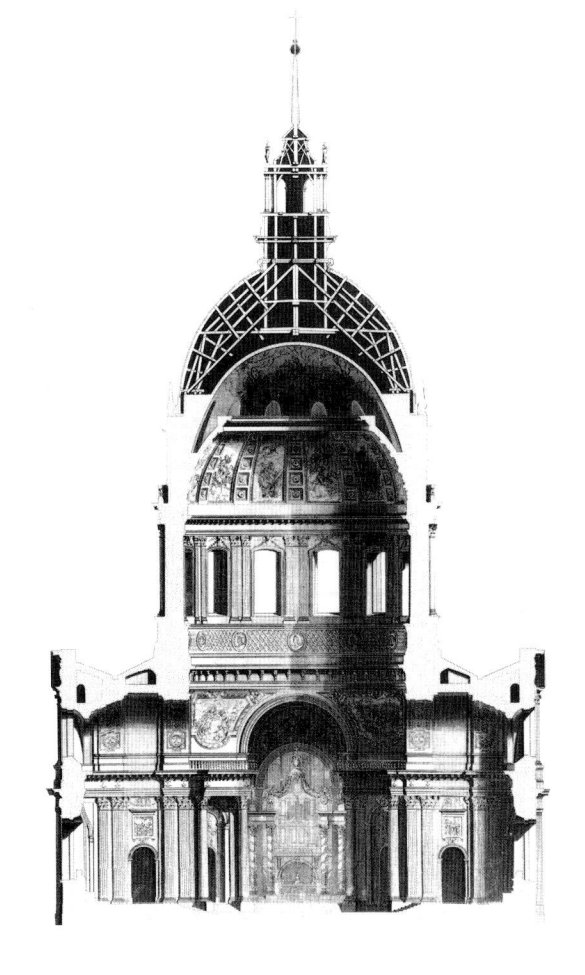

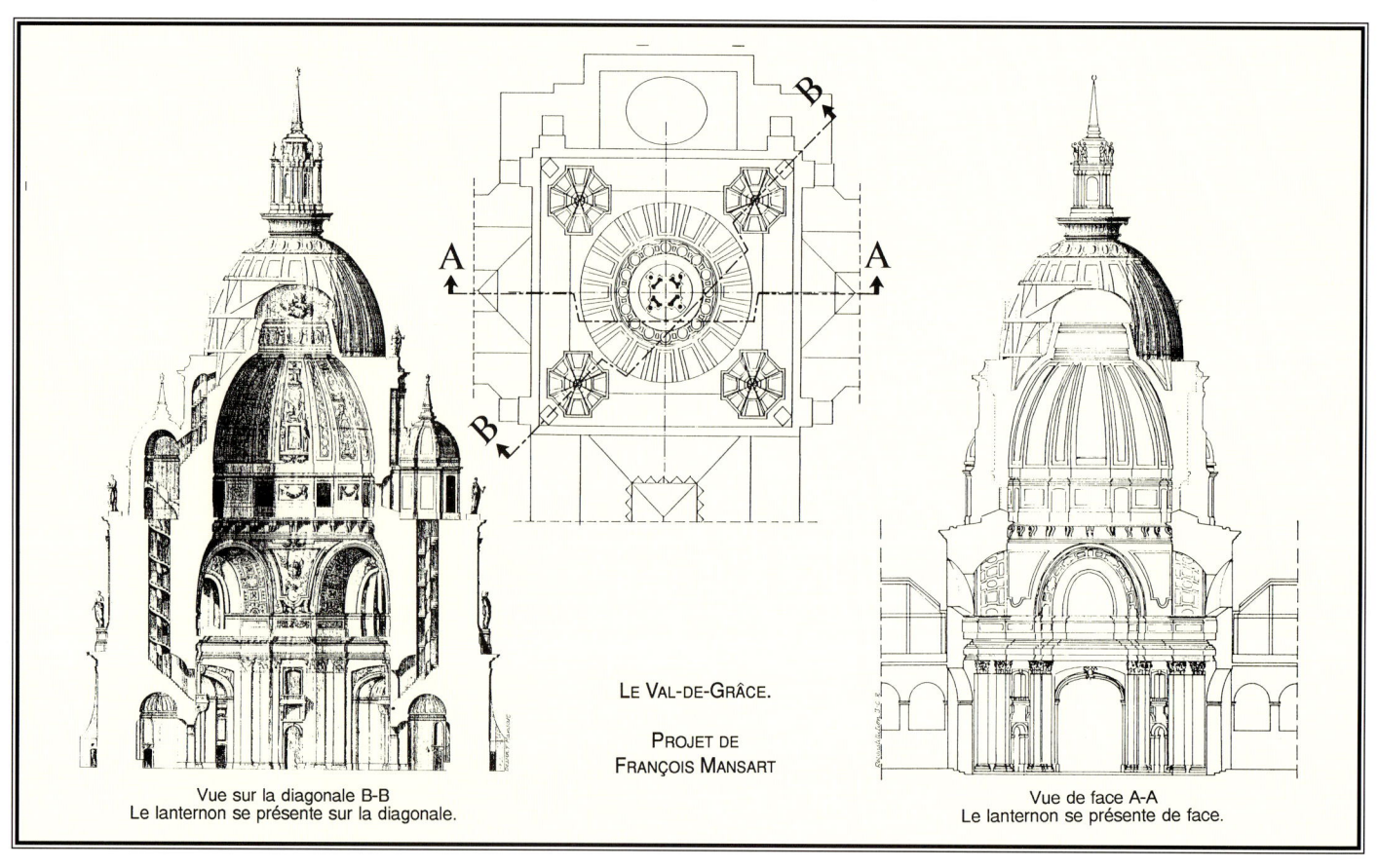

LE DÔME DES INVALIDES

LE VAL-DE-GRÂCE.

PROJET DE
FRANÇOIS MANSART

Vue sur la diagonale B-B
Le lanternon se présente sur la diagonale.

Vue de face A-A
Le lanternon se présente de face.

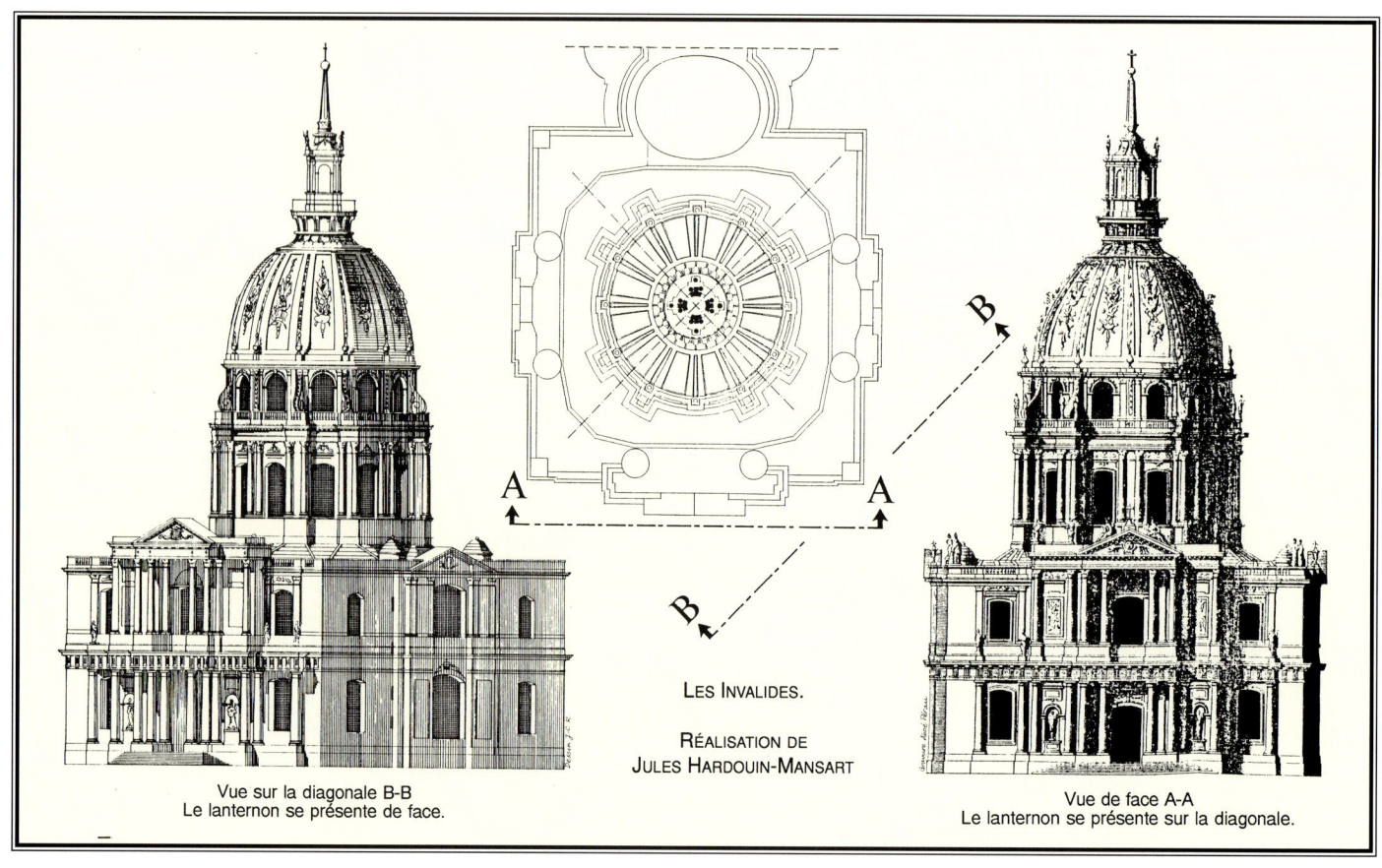

LES INVALIDES.

RÉALISATION DE
JULES HARDOUIN-MANSART

Vue sur la diagonale B-B
Le lanternon se présente de face.

Vue de face A-A
Le lanternon se présente sur la diagonale.

verticale » très prisé par François Mansart trouvera une expression plus audacieuse encore dans le projet pour la chapelle des Bourbons à Saint-Denis dont nous avons parlé et, bien sûr, aux Invalides.

Le dôme charpenté y est également d'un galbe elliptique allongé, et présenté en partie en coupe, en partie en élévation. La petite coupole en staff est accrochée à la charpente. Un tracé schématique indique un éclairage du dôme intérieur par une ouverture prenant jour sur une lucarne extérieure à travers les bois de la charpente. Le dôme extérieur prévu pour être couvert en plomb, est également nervuré et se termine par un lanternon surmonté d'une flèche.

Ce lanternon à quatre faces percées de baies en plein cintre est la révélation la plus inattendue du dessin. Il repose sur une large et profonde scotie*. Trois colonnes, dont une dégagée en avant, décorent chaque angle. L'entablement au-dessus reçoit des statues correspondant à chaque colonne. Enfin une flèche en forme de pyramide, chère à François Mansart, termine le tout. Ces caractéristiques se retrouvent aux Invalides, y compris les statues disparues à la Révolution et restituées lors des récents travaux. Une seule différence existe : il n'y a aux Invalides qu'une seule colonne et donc une seule statue à chaque angle. Ce qui paraît le plus extraordinaire dans cette parenté entre les deux bâtiments est la présentation sur l'angle de ce lanternon. Dans le dessin du Val-de-Grâce elle est la conséquence de la vue diagonale. Mais Jules Hardouin, sans doute séduit par l'heureux effet de cette présentation sur l'angle, l'a adoptée pour sa vue de face, ce qui n'a pu que confirmer le choix du parti d'une pile de maçonnerie dans les axes de l'édifice. Cette disposition très particulière a suscité dès la construction de nombreux commentaires, notamment de la part de François Blondel, mais son origine n'avait pu être expliquée avant la découverte du dessin de François Mansart.

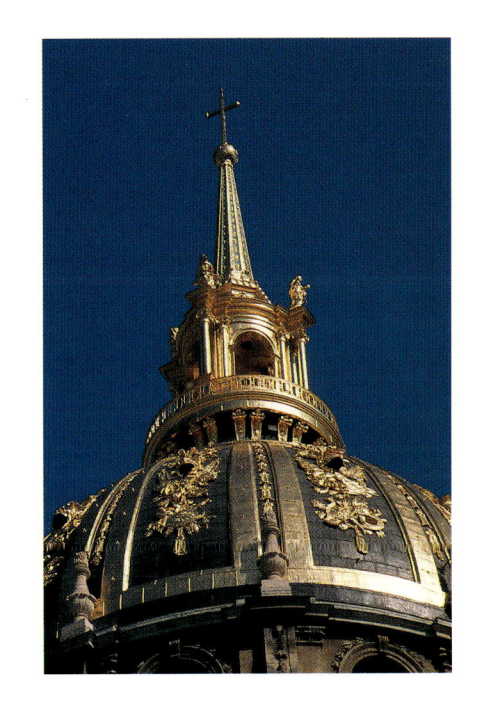

Comparaison entre le projet de lanternon pour le Val-de-Grâce de François Mansart (en haut) et le lanternon des Invalides de Jules Hardouin (en bas).

Avant de laisser de côté ce magnifique dessin, un commentaire s'impose sur sa beauté. Celle-ci réside avant tout dans le geste, l'élan vers le haut, la verticalité. Le dôme intérieur surmonte avec une élégante hardiesse la base solide formée par les grands arcs reposant sur le bel ordre corinthien inférieur. Cet ordre est le seul de l'élévation intérieure et prend ainsi toute sa valeur. La réduction au minimum du tambour donne une surprenante importance à la coupole elle-même. Cette surprise est accentuée par l'effet « à l'italienne » de la calotte au-delà de l'oculus. Il y a là une exaltante élévation qui exprime puissamment ce que l'on attend d'une église votive, sans doute à vocation de mausolée royal, comme les Invalides. Le talent de créateur de François Mansart s'y affirme et la coupole actuelle du Val-de-Grâce due à Lemercier paraît statique et écrasée au regard de cette conception. À l'extérieur, la même élégance se traduit par l'élan et la puissance du magnifique lanternon. Repris aux Invalides, il contribue à faire de l'église du dôme ce chef-d'œuvre de l'art français, universellement reconnu. Si l'on y ajoute la filiation déjà notée avec les projets de François Mansart pour la chapelle des Bourbons et la façade de l'église des Minimes, on est en droit de penser que d'autres analyses de dessins de François Mansart pourraient venir compléter ces observations, et on peut affirmer que le dôme des Invalides est vraiment l'œuvre des deux Mansart. La confusion courante entre les deux grands architectes est somme toute proche de la vérité, puisque Jules Hardouin a su avec une totale maîtrise faire sien le génie créateur de François, son prédécesseur, pour réaliser ses plus belles conceptions. Le chantier de l'église du dôme commença en 1677 dans l'euphorie du succès de la guerre de Hollande. Mais les temps devinrent plus difficiles, les crédits plus échelonnés et le gros œuvre ne fut terminé qu'en 1687. On passa alors à la charpente et au dôme qui fut achevé en 1690 et doré pour la première fois.

La fin du siècle et les premières années du XVIIIe furent employées à la décoration intérieure. Mansart remit les clefs de l'église du dôme à Louis XIV le 28 août 1706. Les plus grands artistes de l'époque furent alors sollicités. De nombreux sculpteurs œuvrèrent sous la direction de François Girardon ; Charles de La Fosse et Jean Jouvenet réalisèrent une

TROIS SIÈCLES D'HISTOIRE

Le caractère monastique des cours basses – affectées aux grands invalides – est très lisible du haut du dôme.

importante œuvre picturale. Sur le plan architectural, l'on se contenta de compléter l'ensemble des bâtiments bas du côté de l'avenue de Latour-Maubourg – où Robert de Cotte, successeur de Jules Hardouin, réalisa une élégante façade –, et de construire, vers la place Vauban, le bâtiment dit de la « boulangerie » qui déséquilibre quelque peu la composition. La grandiose esplanade fut aménagée jusqu'à la Seine. En 1735 furent sculptées autour de la porte qui ouvre vers cette esplanade les deux statues de Mars et Minerve (la Guerre et la Paix) et la statue équestre de Louis XIV. Ces trois sculptures furent refaites, la première sous Louis XVIII, à la suite des mutilations subies à la Révolution, les deux autres récemment en raison de leur érosion par les intempéries.

Le XIXe siècle

La Révolution et l'Empire, grands pourvoyeurs d'invalides, conservèrent sa vocation à l'Hôtel ; mais en 1793 le décor de l'église royale subit d'importantes mutilations – certaines d'entre elles ont pu être restaurées à l'occasion des travaux relatés dans cet ouvrage. En 1807, Napoléon fit redorer le dôme qui avait perdu les statues du lanternon.

La transformation la plus importante du XIXe siècle fut l'aménagement du tombeau de l'Empereur. Après le « retour des cendres » en 1840, l'architecte Visconti réalisa de 1840 à 1861 l'impressionnante crypte ouverte qui supprime malheureusement le superbe dallage de Louis XIV mais n'altère pas le volume intérieur de l'église. C'est à cette époque que l'église du dôme fut séparée de l'église des soldats par une paroi vitrée.

Le nombre des invalides était en diminution dans la seconde moitié du XIXe siècle. Le musée d'artillerie qui logea successivement au couvent des Feuillants, puis à celui des Dominicains-Jacobins, enfin à Saint-Thomas d'Aquin, fut transféré aux Invalides en 1871, enrichi de la collection installée par Napoléon III à Pierrefonds. Rejoint, en 1896, par le nouveau musée historique de l'Armée, il fusionna avec ce dernier en 1905, devenant le musée de l'Armée, qui occupa de plus en plus de place dans l'hôtel des Invalides, notamment dans les vastes réfectoires, alors que l'Institution nationale des Invalides se regroupait autour des cours basses où elle poursuit sa vocation hospitalière.

La collection des « plans-reliefs », qui avait quitté la grande galerie du Louvre à la fin du XVIIIe siècle, prit place dans les combles. Elle est aujourd'hui gérée par le ministère de la Culture. D'autres musées s'installèrent aux Invalides : musée d'Histoire contemporaine dépendant du ministère des Universités, musée de l'Ordre de la Libération, dépendant du garde des Sceaux. Des services administratifs du ministère de la Défense, de celui des Anciens Combattants ou du Premier ministre complétèrent l'occupation des lieux.

TROIS SIÈCLES D'HISTOIRE

Le tombeau de l'Empereur, tel que nous ne le verrons plus d'ici longtemps.
Grâce aux échafaudages suspendus, le sol est entièrement dégagé.

Le XXe siècle

En 1960, cinq ministères se partageaient une cinquantaine de services logés dans les bâtiments de Libéral Bruant et dans des constructions parasites implantées sans souci architectural sur les espaces disponibles entre les avenues entourant la composition du Grand Siècle et les bâtiments anciens. Sous l'impulsion d'André Malraux, ministre des Affaires culturelles, commencèrent alors la rénovation et la mise en valeur de cet ensemble prestigieux. Depuis cette date, et avant la restauration de l'église du dôme, de grands travaux furent entrepris et menés à leur terme. Bien qu'il reste encore beaucoup à faire, c'est à une véritable résurrection des Invalides que mes prédécesseurs ont travaillé.

Dès la première loi-programme sur les monuments historiques, l'architecte en chef, Jean-Pierre Paquet, établit un plan d'ensemble pour la restauration des parties extérieures. Les toitures et la façade vers l'esplanade furent reprises ainsi que la cour d'honneur. Afin de rendre visible de toutes les avenues l'ensemble des bâtiments anciens, il établit un projet de clôture au moyen d'un fossé-douve, sur le modèle de ce qui existait déjà vers l'esplanade. Ceci impliquait la disparition des constructions parasites qui s'adossaient et dépassaient le mur de clôture ancien. Il commença

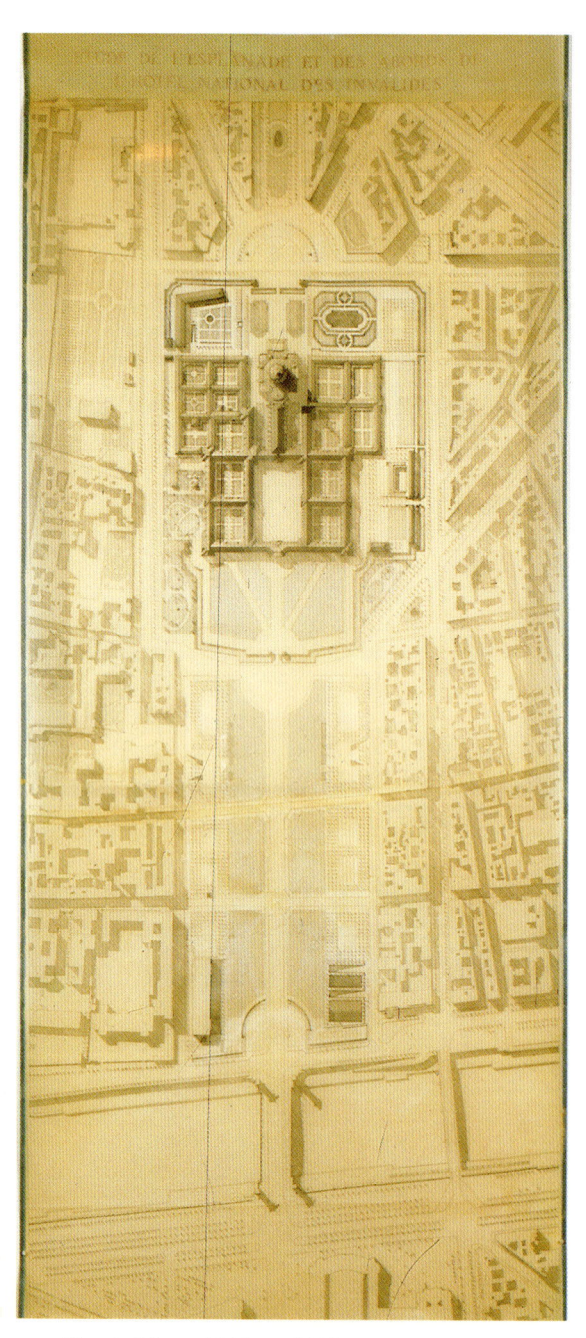

Plan établi vers 1960 par J.-P. Paquet, qui prévoit le dégagement des bâtiments parasites, le rétablissement du jardin de l'Intendant et la création d'une clôture au moyen d'un fossé-douve. Il est presque entièrement réalisé aujourd'hui, à l'exception de l'angle nord-ouest.

TROIS SIÈCLES D'HISTOIRE

Un réseau de résistance accueillait pendant la Seconde Guerre mondiale des aviateurs alliés récupérés sur notre sol. Ils étaient hébergés aux Invalides chez M. Morin, fonctionnaire du ministère des Anciens Combattants ; confinés dans un local très étroit, ils avaient besoin d'air.
Le fonctionnaire, résistant, les menait en promenade sur la terrasse du dôme à la barbe des Allemands.
C'est là qu'ils gravèrent, dans le plomb de la coupole surmontant le baldaquin d'autel, des graffiti, dont cet exemple datant de 1943. L'héroïsme du résistant lui coûta la vie.

l'exécution de ce projet du côté de l'avenue de Latour-Maubourg. Son successeur, Bertrand Monnet, traita l'angle sud-ouest de la place Vauban et restitua le jardin de l'Intendant. J'eus, quant à moi, la charge de dégager l'angle sud-est. Il reste encore à réaliser le dégagement de l'angle nord-ouest, entre l'avenue de Latour-Maubourg et l'esplanade.

Bertrand Monnet reçut en outre la noble mission de « réhumaniser » l'Institution nationale en restaurant entièrement (à l'extérieur et à l'intérieur) les bâtiments qui lui sont affectés autour des cours basses de chaque côté du dôme. Ce qui était devenu un sinistre mouroir fut transformé en hôpital moderne exemplaire.

Les trois architectes successifs s'acharnèrent patiemment à mener à bien la restauration de l'ensemble des toitures et façades de l'Hôtel. La commission interministérielle créée à cet effet permit de synchroniser le financement des différents partenaires concernés. Puis me revint enfin l'honneur de restaurer l'église du dôme.

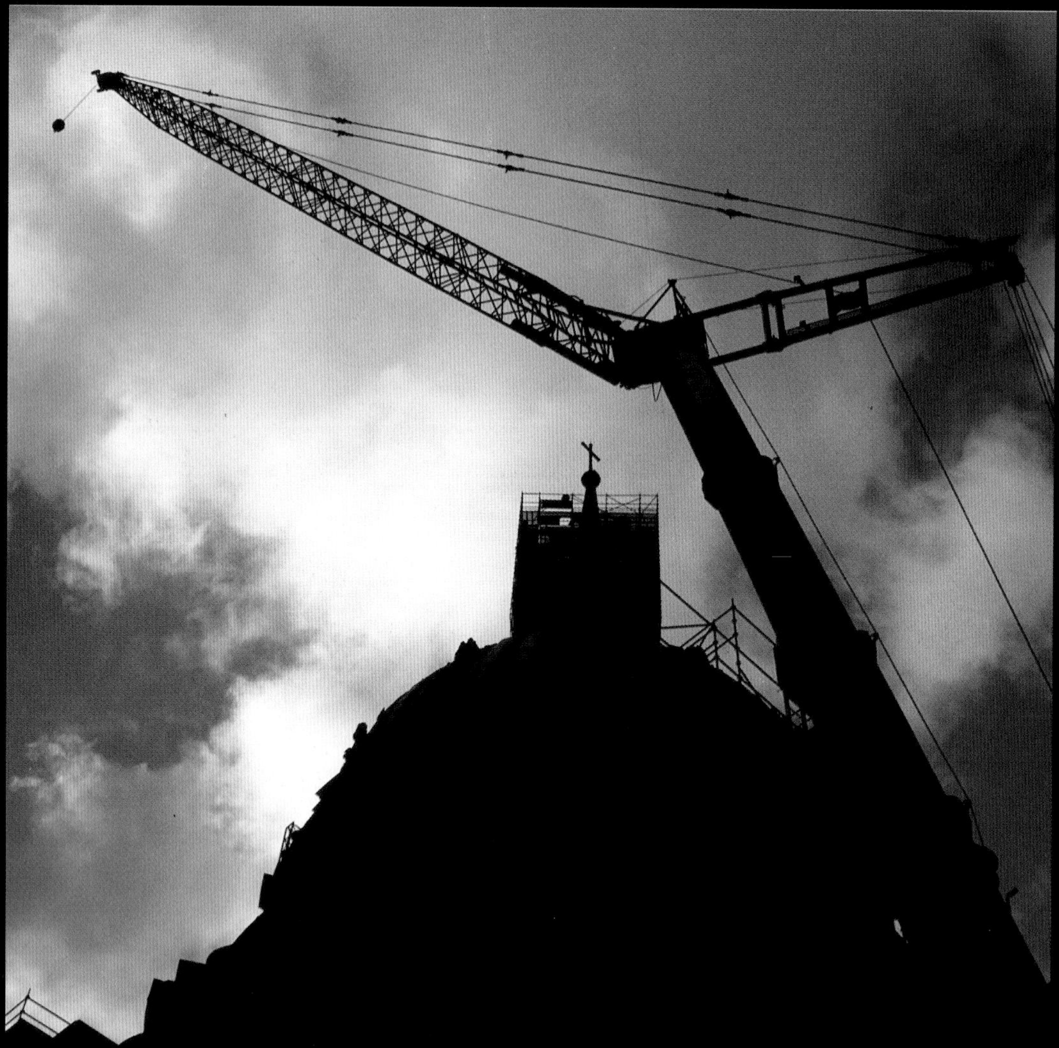

La Restauration de l'Église du Dôme

En mars 1986 eut lieu sur place, en présence des ministres concernés, une présentation de l'état d'avancement des travaux de restauration des toitures et façades de l'Hôtel et du programme, tranche par tranche, des travaux indispensables. Au cours de cette visite assez ingrate fut présentée, dans l'optique d'une réalisation proposée à long terme, l'aquarelle publiée ici même, représentant le dôme redoré.

Cette image séduisit, et le 12 juillet 1988 la décision fut prise au sommet de l'État, de la concrétiser dans le cadre des grands travaux programmés pour le bicentenaire de la Révolution française. L'inauguration était fixée au 14 juillet 1989. En douze mois il fallait donc mener à bien les études techniques, établir le projet détaillé, le faire approuver par l'Administration, procéder aux consultations d'entreprises, établir les marchés et réaliser les travaux. Mission difficile à remplir lorsque l'on sait que le chantier de 1937 (non comprises les études et préparations de marchés) avait duré dix-huit mois.

Le pari fut tenu grâce aux efforts de tous pour mener la phase « études et marchés » dans les plus brefs délais et grâce aussi au montage éclair des échafaudages et à l'efficacité des installations de chantier, les délais des travaux des métiers d'art traditionnels étant pratiquement incompressibles.

Une fois ce chantier exceptionnel terminé, l'on revint à un rythme de travaux moins soutenu pour poursuivre la restauration de l'église. Les façades en pierre furent nettoyées et restaurées au cours de trois campagnes échelonnées de 1991 à 1994 pendant que, après de longues analyses et des essais préparatoires, l'on restaurait les peintures intérieures du dôme en 1993 et 1994.

Peut-être est-il bon d'exposer ici le fonctionnement du service des Monuments historiques lors de pareils travaux et le rôle des différents responsables de la maîtrise d'ouvrage et de la maîtrise d'œuvre. Le financement des travaux sur les édifices « classés » est à la charge des propriétaires qui reçoivent une aide du ministère de la Culture. Le principe est le même qu'il s'agisse de propriétaires privés (châteaux), communaux (églises), ou publics (ministères). Seuls les travaux sur des édifices appartenant au ministère de la Culture (musées nationaux par exemple) sont exécutés entièrement à ses frais.

Aux Invalides, le fait que les locaux divers appartiennent à cinq ministères rend les financements laborieux pour les toitures et façades de l'Hôtel. L'église du dôme, quant à elle, appartient au ministère de la Défense seul et est affectée au musée de l'Armée qui en dépend. Le financement fut donc réparti, à parts égales, entre le ministère de la Défense et celui de la Culture qui assura la maîtrise d'ouvrage par l'intermédiaire des services de la Direction du patrimoine. Dans le cadre de la décentralisation, c'est la Conservation régionale des monuments historiques d'Île-de-France qui traita l'opération — J.-P. Godderidge étant conservateur et J. Mémain réviseur.

La maîtrise d'œuvre revient, en cas de financement des travaux avec la participation du service des Monuments historiques, à l'architecte en chef des Monuments historiques territorialement compétent. Ce corps d'architectes comprend une cinquantaine de membres recrutés par un concours de haut niveau. À chaque architecte est attribué un certain nombre de départements (ou de monuments parmi les plus prestigieux).

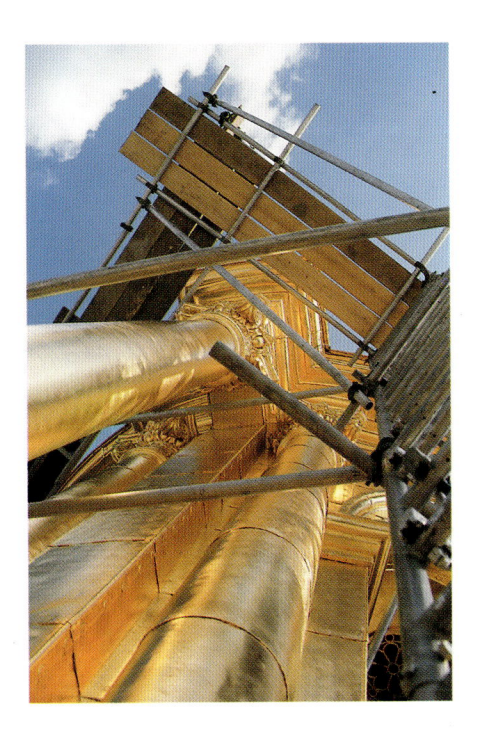

Les architectes en chef, héritiers de Viollet-le-Duc, établissent les projets et les soumettent à l'avis de l'Administration. Le contrôle est assuré par le corps des inspecteurs des monuments historiques, héritiers, eux, de Prosper Mérimée, le fondateur du service. Les inspecteurs ont une formation d'historiens d'art et sont recrutés sur concours. L'inspecteur territorialement compétent donne un avis au conservateur régional qui, s'il l'estime nécessaire, soumet le projet à l'Inspection générale. Il y a un inspecteur général architecte et un inspecteur général issu du corps de l'Inspection des monuments historiques par région. Pour les travaux importants, les inspecteurs généraux peuvent avoir à rapporter le projet devant la Commission supérieure des monuments historiques, qui regroupe autour du directeur du Patrimoine des membres de l'Administration, des inspecteurs généraux des deux corps (architectes et Inspection), des spécialistes de l'histoire de l'art et des personnalités diverses.

Pour les Invalides, l'architecte en chef établit donc un projet qui fut soumis à l'Inspection générale et à la Commission supérieure par les inspecteurs généraux. L'étude comprenait tout d'abord une analyse des documents concernant les précédentes dorures.

Les couvertures du dôme des Invalides furent dorées pour la première fois à l'achèvement de l'édifice, à la fin du règne de Louis XIV. En 1807, Napoléon les fit redorer, alors que les quatre statues couronnant la flèche avaient disparu. Nous n'avons pas connaissance de dorure entre ces deux dates, ni de précisions sur ces premières interventions. Entre 1807 et 1988, le dôme fut redoré deux fois à soixante-deux ans d'intervalle. En 1869, Crépinet, architecte de l'hôtel impérial des Invalides, mena le chantier qui comportait d'importants travaux de restauration de la charpente et des couvertures. En 1937, André Ventre, architecte en chef des Monuments historiques, restaura en une seule campagne couvertures et dorure. La dorure de 1989 est donc la cinquième dans l'histoire de l'édifice. Pour les travaux de 1866-1869 et 1937, les archives de la Direction du patrimoine possèdent d'importants documents que nous avons consultés : dessins, articles de presse et publications.

Détérioration de la dorure : détail de chapiteau du lanternon, en cuivre repoussé, réalisé par Crépinet en 1869. Il reste quelques traces de la dorure de 1937 qui ont survécu à l'érosion.

Les Travaux de Crépinet (1866-1869)

Un article de Timothée Trimm dans LE PETIT MONITEUR ILLUSTRÉ du 8 août 1869 précise qu'en 1830 (soit vingt-trois ans après les travaux de 1807) le dôme était déjà presque gris. Dès 1866, trois ans avant les travaux de redorure, Crépinet dut remplacer en grande partie la charpente et restaurer les couvertures en très mauvais état, sous lesquelles les peintures de La Fosse s'altéraient.

Les documents relatifs aux travaux indiquent avec précision que, pour les ouvrages en plomb, tous les ornements des trophées et des arêtiers qui, par suite de leur attache défectueuse, s'étaient affaissés et déformés, durent être remis dans leur forme primitive. Pour éviter que de pareils accidents ne se reproduisent, l'architecte imagina d'armer ces ornements au moyen de fortes cerces en fer construites d'après le gabarit de chaque motif. Chaque cerce était ensuite rendue solidaire de l'ornement par des pattes soudées sur le plomb et chevauchant l'armature.

La fixation des ornements sur les bois de charpente était obtenue par des tiges de fer dont l'un des deux côtés était vissé sur l'armature et l'autre boulonné à travers le bois en passant par des goulottes sous des feuilles d'étanchéité en plomb. Pour préserver les fers de l'oxydation, l'architecte imagina aussi de les enrober dans des chemises de plomb, procédé qui devait plus tard concourir à leur destruction plutôt qu'à leur conservation.

Un autre procédé, destiné à maintenir en place les tables de plomb de l'étanchéité, mérite d'être mentionné. Les tables de plomb, de 0,003 mètre d'épaisseur et de 1 mètre de hauteur, posées à recouvrement, étaient réglées par assises horizontales depuis la naissance de la couverture jusqu'au membron du lanternon. Pour maintenir les tables, en tête de chacune d'elles, la volige correspondante était divisée en deux épaisseurs, de manière à former deux feuillets. Une fois le premier feuillet fixé à la charpente, la feuille de plomb était engagée dans la cavité ; le deuxième feuillet mis en place sur le plomb, on rabattait la feuille et la fixation s'opérait par clouage au droit des chevrons et seulement aux deux extrémités.

En partie inférieure, les tables étaient maintenues par des pattes d'agrafes en cuivre étamé, clouées sur le voligeage. Pour éviter des percements dans les feuilles de l'étanchéité, il va de soi que le travail de pose des feuilles et des ornements devait s'effectuer simultanément. Le lanternon et sa flèche furent également réparés.

À cet effet, on soumit deux projets de restauration à l'Empereur, afin qu'il examinât s'il convenait de refaire les quatre statues qui ornaient les angles et qui avaient été enlevées à la Révolution.

Aucune suite ne fut donnée à cette proposition (qui a été reprise, acceptée et réalisée en 1989), mais la

Dégradation de la pierre : cet ange a été amputé d'une jambe par la poussée de la rouille d'un goujon en fer.

restitution des cent trente-six fleurs de lys de la flèche fut autorisée. La réfection du lanternon et des fleurs de lys se fit en cuivre, les ouvrages d'origine étant en plomb. Seuls quelques éléments décoratifs (guirlandes et feuillages à la base de la flèche) furent maintenus en plomb.

Pour la dorure elle-même, 6,50 kilos d'or furent employés en feuilles pesant 18 grammes les mille feuilles. L'or employé titrait 973 millièmes d'or alliés à 22 millièmes d'argent et autres métaux. La description de la technique de dorure est quelque peu inquiétante : lessivage à l'eau « seconde », revêtement d'une couche d'huile, application de quatre couches de « teinte dure » calcinée, d'une couche de vernis gomme laque, d'une couche de mixtion, et enfin, des feuilles d'or. Trois mois de travail furent nécessaires, occupant cinquante ouvriers chaque jour. Les travaux coûtèrent 80 000 francs, échafaudage compris (soit moins que ceux de 1807 : 94 059 francs).

Cette importante restauration, grâce aux soins qui furent apportés à son exécution, tint soixante-cinq ans, mais dès 1924 la couverture du dôme inspirait de nouveau des inquiétudes. On signalait que des morceaux de plomb s'en détachaient et que certains, très lourds, avaient crevé la toiture voisine au-dessus du baldaquin. En 1934 et 1935, ces accidents se multiplièrent. Quelques-uns des fragments tombés pesaient près de 60 kilos.

Les Travaux de Ventre (1937)

Dès 1935, l'étude de la restauration des couvertures était confiée à André Ventre, architecte en chef des Monuments historiques. L'article publié en 1938 par la revue LES MONUMENTS HISTORIQUES DE LA FRANCE (fascicules 1 et 2) précise les travaux alors exécutés.

Si la charpente n'était pas de nouveau altérée, la couverture était en très mauvais état, en raison essentiellement de l'oxydation des fixations en fer des ornements. En outre, de nombreuses déchirures des feuilles de plomb avaient pour origine une mauvaise maîtrise des phénomènes de dilatation et une médiocre qualité du laminage.

La restauration se fit en tables de plomb coulé, avec une réduction de la largeur des feuilles pour éviter les altérations dues à la dilatation. Enfin, certaines feuilles de plomb laminé de 18 millimètres furent réutilisées pour la calotte du dôme, au pied du lanternon, c'est-à-dire dans la partie la moins pentue donc la plus fragile. Les armatures en fer furent remplacées par des armatures en bronze. Ce travail considérable s'est comporté très honorablement dans le temps.

Pour la dorure, le succès fut moindre. La technique fut la suivante : lavage à l'alcali puis à grande eau ; application de trois couches de « teinte dure » composée de blanc de zinc détrempé au vernis « pour permettre d'exécuter le travail dans un temps donné » ; pose de feuilles au titre 982/980 de 0,084 mètre au carré (5,992 kilos d'or furent utilisés, soit trois cent quarante-sept mille cinq cents feuilles). L'ensemble des travaux s'échelonna sur dix-huit mois, du 9 janvier 1936 au 9 juillet 1937,

Dégradation des peintures : l'ensemble est très encrassé et la couche peinte à sec
est pulvérulente et se détache par plaques.

se décomposant ainsi : échafaudages, sept mois ; restauration de la couverture, neuf mois ; dorure, deux mois et demi. On peut penser que le vernis siccatif utilisé pour la dorure a été justifié par la nécessité de travailler hâtivement. On peut y voir les raisons de la dégradation trop rapide du travail.

Dès 1950, il ne restait presque plus d'or sur le plomb et avant l'ouverture du présent chantier, seuls quelques vestiges s'apercevaient encore sur les parties verticales ou protégées du lanternon en cuivre. Peu après la fin de la dernière guerre, quelques interventions ponctuelles sur la couverture du dôme nécessitèrent un échafaudage léger. Encore aujourd'hui, beaucoup de Parisiens gardent le souvenir de cet échafaudage et pensent, à tort, qu'une redorure eut lieu entre 1946 et 1948.

LA RESTAURATION DE L'ÉGLISE DU DÔME

CALENDRIER D'EXÉCUTION DES TRAVAUX

	1988	1989	ARRÊT	1991	1992	1993
	N D	J F M A M J J		J F M A M J J A S O N D	J F M A M J J A S O N D	J F M A M J J A S O N D

DORURE DU DÔME

- ÉCHAFAUDAGES
- STATUES, SCULPTURES
- FONTE
- DORURE+POSE
- COUVERTURE
- DORURE
- MAÇONNERIE (VASES)
- ÉCLAIRAGE

FAÇADES

TAMBOUR
- ÉCHAFAUDAGES
- MAÇONNERIE
- SCULPTURES DÉCOR
- PLOMB CORNICHES
- DIVERS

FAÇADE SUD
- ÉCHAFAUDAGES
- MAÇONNERIE
- STATUES (RÉPARATIONS)
- SCULPTURES DÉCOR
- PLOMB CORNICHES
- DIVERS

FAÇADES EST & OUEST
- ÉCHAFAUDAGES
- MAÇONNERIE
- SCULPTURES DÉCOR
- PLOMB CORNICHES
- DIVERS

FAÇADE NORD
- ÉCHAFAUDAGES
- MAÇONNERIE
- SCULPTURES DÉCOR
- PLOMB CORNICHES
- DIVERS

PEINTURES INTÉRIEURES

- ÉCHAFAUDAGES
- RESTAURATION
- DORURE
- ÉCLAIRAGE

Les Échafaudeurs

La conception et la réalisation des échafaudages modernes représentent depuis quelques décennies l'innovation la plus remarquable dans le domaine de la restauration. Les assemblages sophistiqués de structures tubulaires, les larges planchers de travail, les protections efficaces et les performances des appareils élévateurs – palans, grues, ascenseurs – permettent de réaliser un gain de temps considérable dans des conditions de travail et de sécurité jamais connues jusqu'ici. Ce matériel et sa mise en œuvre ont atteint le niveau d'un art performant. Dans les chantiers du dôme cet art de l'échafaudage a permis de gagner un temps considérable par rapport aux chantiers des siècles passés.

20 décembre 1988, ouverture du chantier.
La flèche et le lanternon sont échafaudés par la société Layher.
Les cabanes de chantier sont montées sur la terrasse
du dôme.

LA RESTAURATION DE L'ÉGLISE DU DÔME

La manœuvre est exécutée au doigt et à l'œil.

DOUBLE PAGE SUIVANTE

215 tonnes d'échafaudage et quatre mille heures de montage seront nécessaires à la société Entrepose pour ériger cette forêt tubulaire autour du dôme.

45

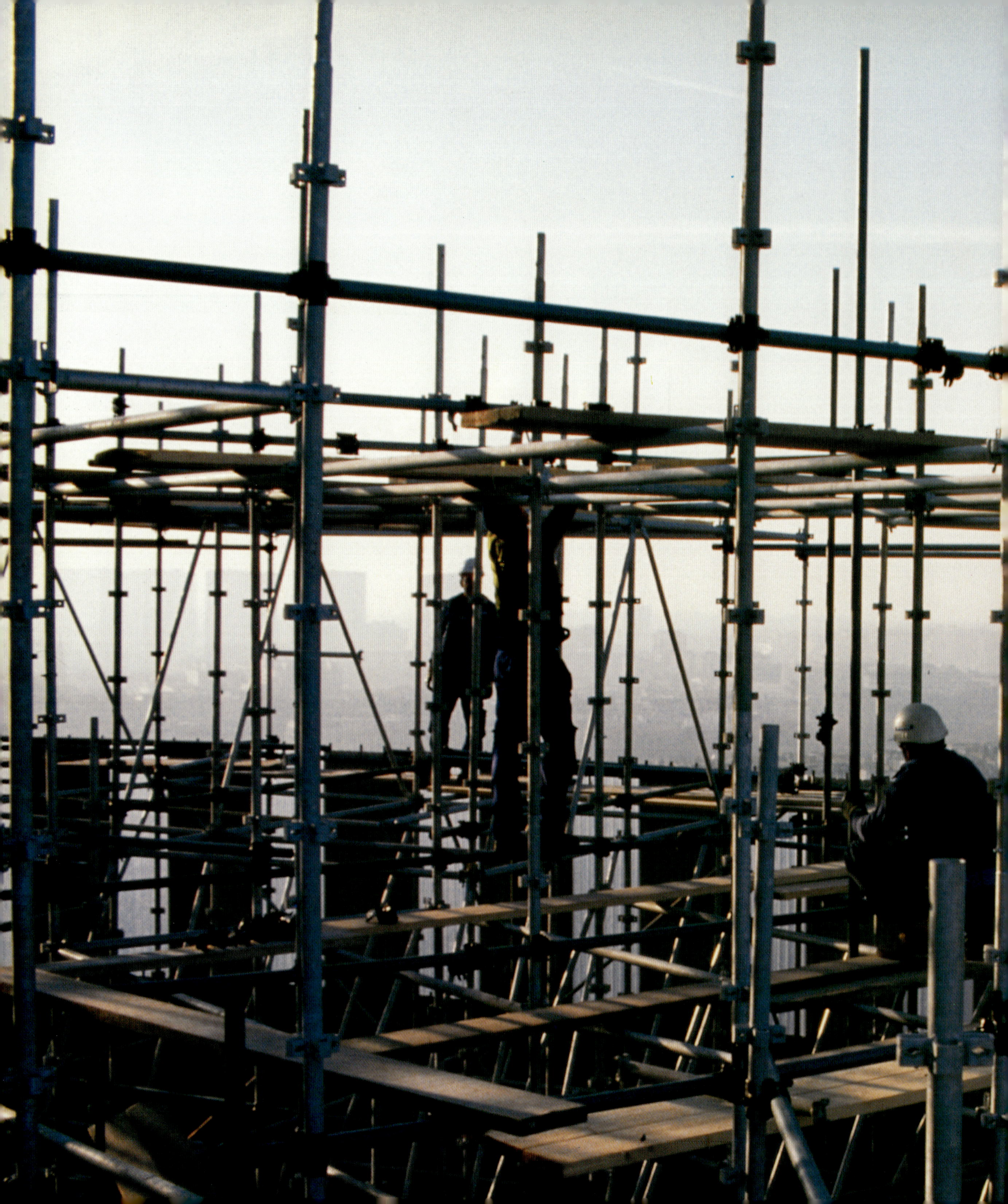

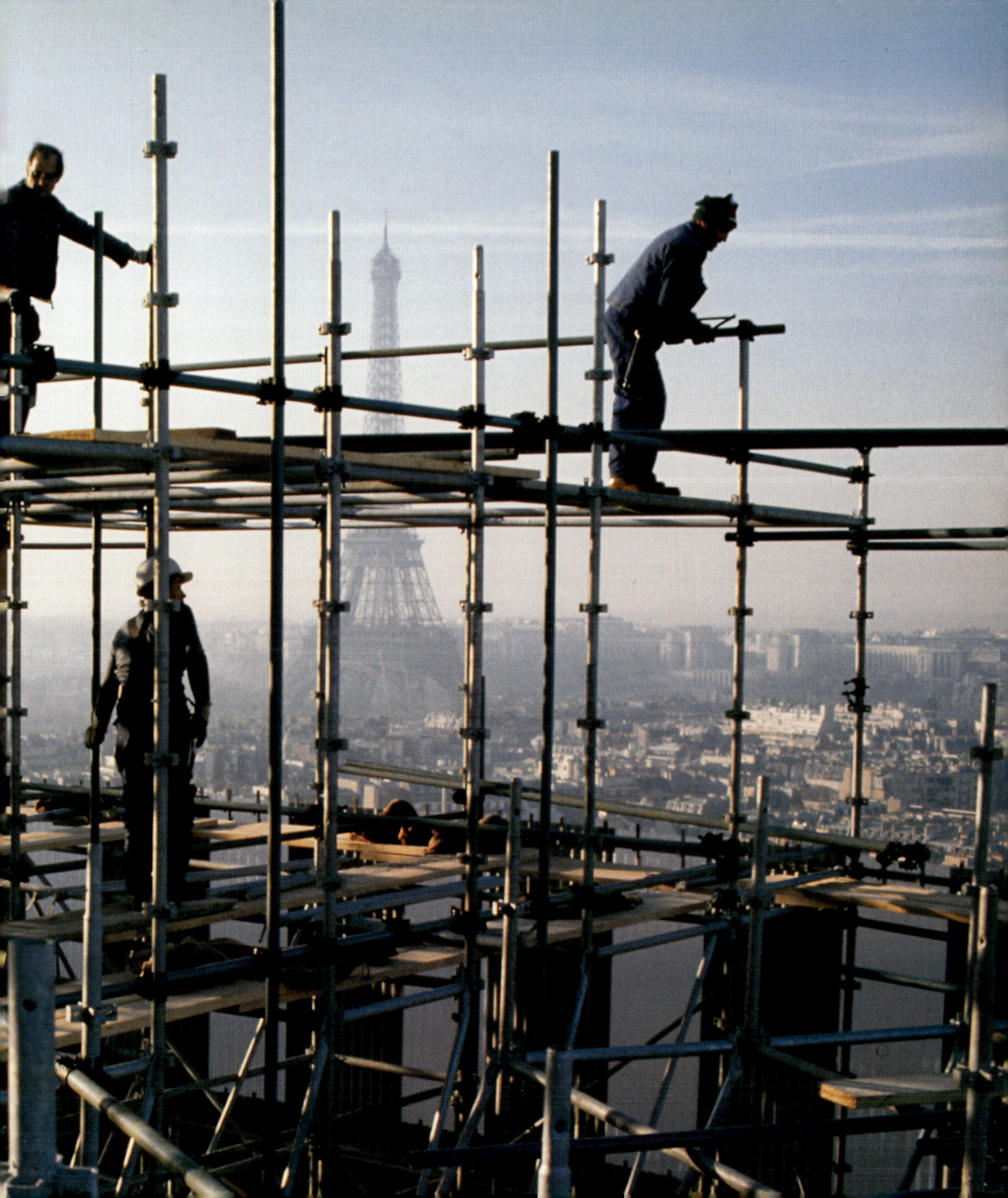

Première visite de chantier.

LA RESTAURATION DE L'ÉGLISE DU DÔME

De 48 à 81 mètres du sol, le cylindre
abritera pendant huit mois les cent cinquante
personnes travaillant à la restauration.
Diamètre du cylindre : 35 mètres.
Trois cents tôles translucides permettent
l'éclairage naturel du chantier.

LE DÔME DES INVALIDES

L'habillage de l'échafaudage du lanternon permettra aux doreurs d'appliquer leurs feuilles impalpables à l'abri des courants d'air et des intempéries.

En 1937, les échafaudages – en bois – représentaient de vrais chefs-d'œuvre de charpente, mais il fallut sept mois pour les monter. En 1989, six semaines suffirent. C'est ainsi que le pari de réaliser le chantier complet du dôme en sept mois put être tenu, l'économie de temps étant également une économie d'argent considérable. Dans cette optique, le travail fut attribué à deux entreprises.

L'entreprise Layher échafaudait le lanternon. Elle ouvrait le chantier en établissant à 100 mètres au-dessus du sol, grâce à une grue géante, une cage métallique enfermant la flèche et le lanternon proprement dit. Les hommes casqués, en combinaison de travail, évoluaient en plein ciel. Le premier rendez-vous de chantier évoquait une promenade de cosmo-

50

LA RESTAURATION DE L'ÉGLISE DU DÔME

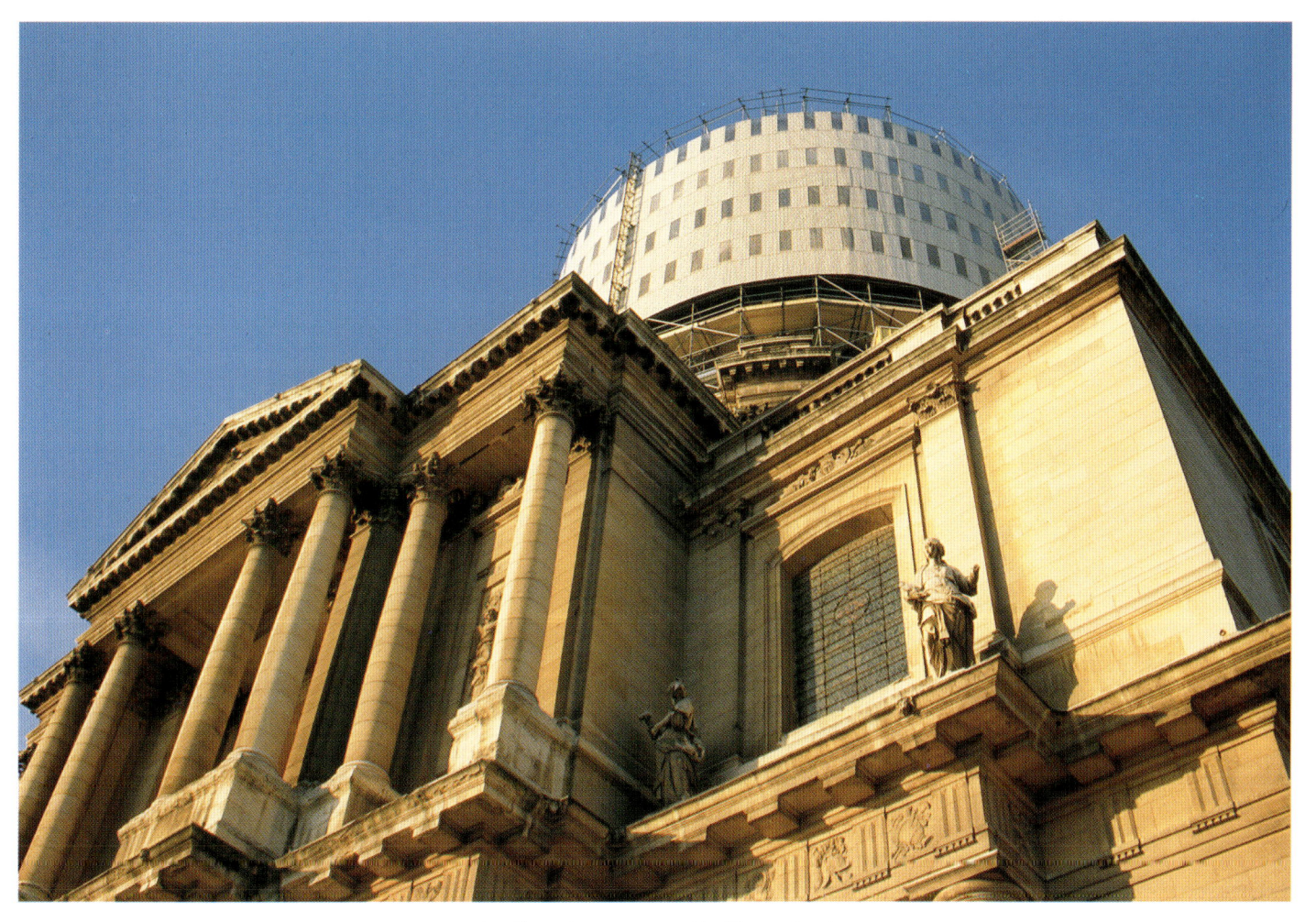

*Le dôme n'a pas encore dévoilé ses splendeurs,
tandis que le tambour de la façade attend son heure.*

nautes, s'affairant dans l'espace autour d'un curieux satellite. De son côté, la société Entrepose montait depuis le pied de la coupole un vaste cylindre allant rejoindre ce « satellite ». Un village de chantier était aménagé sur les terrasses entourant le tambour du dôme. Des ascenseurs, avec relais sur la terrasse, amenaient personnel et matériaux jusqu'à 90 mètres du sol, dans un va-et-vient continu, épargnant à chaque utilisateur une escalade de cinq cents marches et lui faisant gagner un temps appréciable.

L'ensemble des échafaudages était habillé de toiles tendues pour le lanternon et de tôles ondulées blanches percées de baies en plastique ondulé, de façon à éliminer tout courant d'air à l'intérieur du volume ainsi défini. En effet, la pose des feuilles d'or, sensibles au moindre souffle, doit se faire totalement à l'abri. Autrefois les doreurs devaient déplacer de petites tentes pour un ou deux hommes sur l'ensemble des surfaces à dorer. Le dispositif mis en place en 1989 permit à plusieurs équipes de travailler ensemble dans un confort total. Les travaux de couverture furent eux aussi largement facilités par les grandes surfaces de planchers de travail abritées, mises à la disposition des ouvriers pour le démontage et le façonnage des éléments de plomb.

La réalisation ne passait pas inaperçue dans le paysage parisien et l'on pouvait craindre, à la vue de ce spectacle inattendu, une réaction étonnée de l'opinion. Il n'en fut rien. Le spectacle intrigua et amusa les Parisiens et les journalistes. La brutale et sommaire épure de l'enveloppe construite, qui évoquait une construction moderne, séduisit même certains qui demandèrent si un « monument » d'une telle pureté serait réutilisé !... La qualité de l'exécution nous dispensa de recourir à un habillage décoratif ou publicitaire en tout état de cause difficile à adapter au caractère des Invalides. Les travaux d'échafaudage étaient entièrement terminés le 25 janvier, mais dès le 15 décembre les couvreurs étaient au travail sur la flèche.

Après cinq mois d'utilisation intense des installations, le démontage commença. Il dura quinze jours. Le montage des statues en bronze sur la base de la flèche du lanternon se fit après démontage de l'échafaudage, à l'aide d'une grue exceptionnelle, unique en Europe, permettant de passer par-dessus la croix terminale, à 110 mètres au-dessus du sol. Cette spectaculaire opération eut lieu en présence des deux ministres de la Défense et de la Culture et des Grands Travaux.

Pour la restauration des peintures intérieures de la coupole, l'échafaudage comporta un plancher lancé sur le vaste oculus, auquel fut accroché, monté par des virtuoses, l'échafaudage devant les apôtres de Jouvenet. On évita ainsi un appui au sol et la visite de l'édifice ne fut pas interrompue pendant les quatre années d'étude et de restauration.

LA RESTAURATION DE L'ÉGLISE DU DÔME

Les échafaudages nécessaires à la restauration des peintures ont été établis sans toucher le sol, de façon à ne pas gêner les visites qui se sont déroulées pendant les travaux.

Les Couvreurs

L'étude préalable fut possible pour le lanternon et la flèche grâce à des alpinistes-couvreurs qui nous fournirent une bonne connaissance de l'état de la couverture en cuivre réalisée par Crépinet en 1869. La campagne d'investigations et de photographies débuta dès le mois de juillet 1988. Le cliché d'un alpiniste debout sur un bras de la croix, en l'absence de tout échafaudage, eut droit à la première page de FRANCE-SOIR !

Un devis très précis put ainsi être établi et la réalisation fut sans surprise. La charpente en bois était en parfait état. La couverture de la flèche, en cuivre, n'eut besoin que de quelques réparations légères, toutefois la boule fleurdelisée, sous la croix, dut être démontée, et ses fixations remplacées. La croix elle-même fut déposée et révisée. Les décors rapportés consistaient en fleurs de lys en cuivre sur la flèche, en guirlandes et feuilles d'acanthe en plomb à son pied. Ils étaient en bon état.

L'étude préalable de la coupole proprement dite fut menée par des compagnons assis sur une sellette en bout de cordage, accrochés à la base du lanternon et assurés réglementairement par des harnais de sécurité. Un petit échafaudage traditionnel mis en place avant la grande installation de chantier permit d'analyser l'état des fixations d'un trophée. Il ressortait de cette analyse que la charpente et le voligeage paraissaient partout en bon état et que les ossatures en bronze mises en place en 1937 pour l'accrochage des ornements étaient bien conservées. Les éléments décoratifs en plomb étaient en grande partie d'origine mais avaient subi plusieurs reprises. De nouvelles restaurations étaient à prévoir, nécessitant le démontage de nombreuses pièces.

Les éléments de couverture, sous les motifs décoratifs, présentaient un état de conservation variable selon les emplacements. La couverture de la calotte circulaire, en haut du dôme, autour de la base du lanternon, avait été restaurée en 1937 avec des feuilles de plomb laminé récupérées sur la couverture de 1869. Ces feuilles, boursouflées et déchirées, assuraient mal l'étanchéité. Pour les surfaces de couverture sous les trophées,

La calotte en plomb, au-dessous du lanternon, avant la restauration : vingt-quatre ornements semblables la composent. Il ne reste pratiquement plus sur le plomb de traces de la dernière dorure, réalisée en 1937.

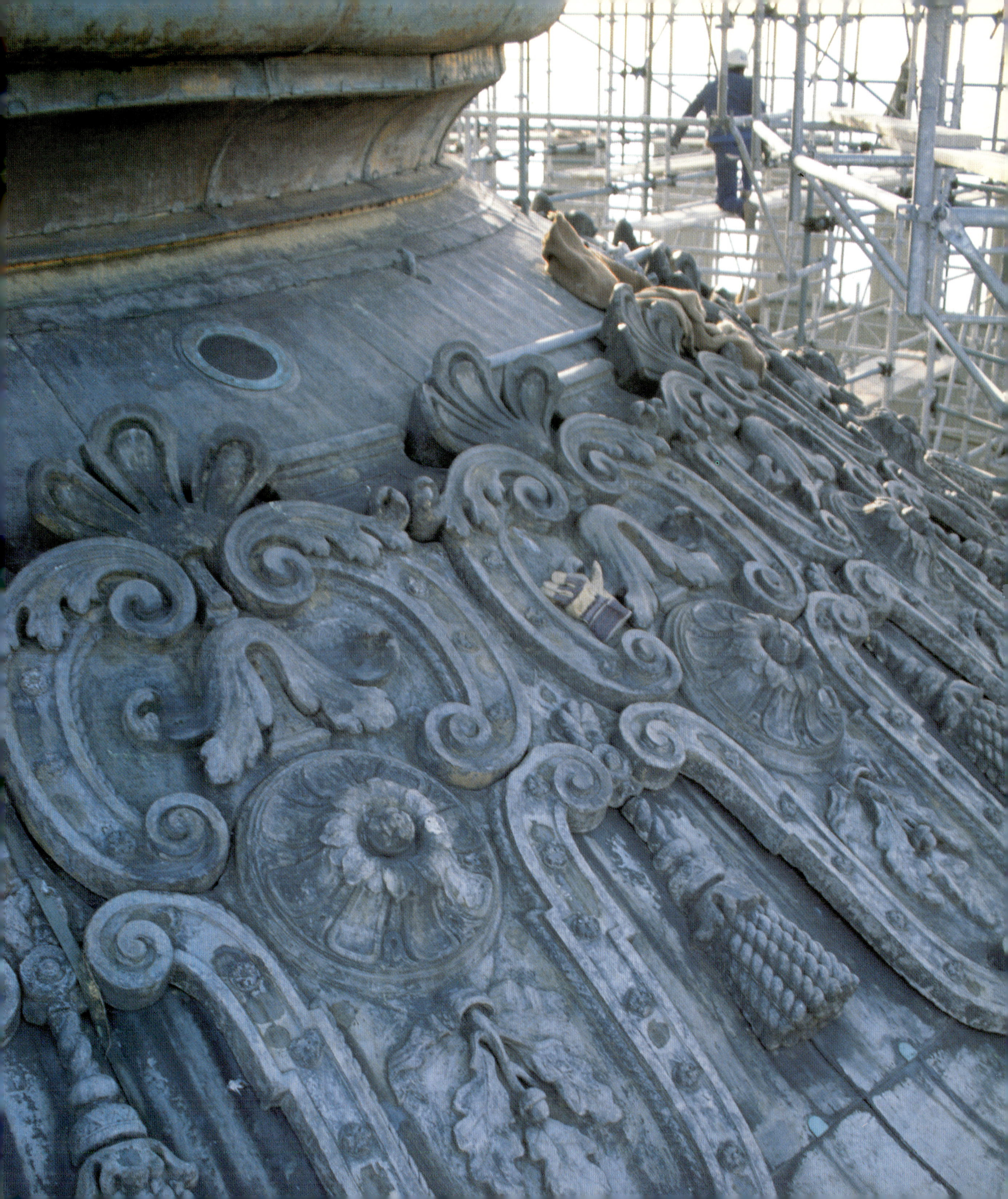

Le tannin du chêne mis en place en 1937 a rongé le revers des feuilles de plomb.
Trente pour cent des 120 tonnes de plomb de la couverture ont été remplacés
lors de la restauration.

arêtiers et bandeau circulaire, le plomb neuf, coulé sur sable, fabriqué et mis en place en 1937 semblait s'être beaucoup mieux comporté, malgré la découverte de plusieurs déchirures imposant des réparations. Les feuilles de plomb courantes fabriquées depuis le XIXe siècle sont laminées. Le métal, d'une structure moléculaire différente du plomb ancien, est écrasé par les laminoirs. Il est mince, lisse et relativement cassant. La technique de coulage sur une forme en sable de plomb ancien récupéré donne des feuilles plus épaisses, d'aspect moins industriel et de meilleure résistance. Cette technique maintenue en usage par des spécialistes des travaux sur les monuments historiques fut adoptée pour la réfection de la calotte sous le lanternon.

LA RESTAURATION DE L'ÉGLISE DU DÔME

Dessin des trois trophées se répétant quatre fois chacun : l'Empire romain, l'Empire ottoman et la maison d'Autriche.

LE DÔME DES INVALIDES

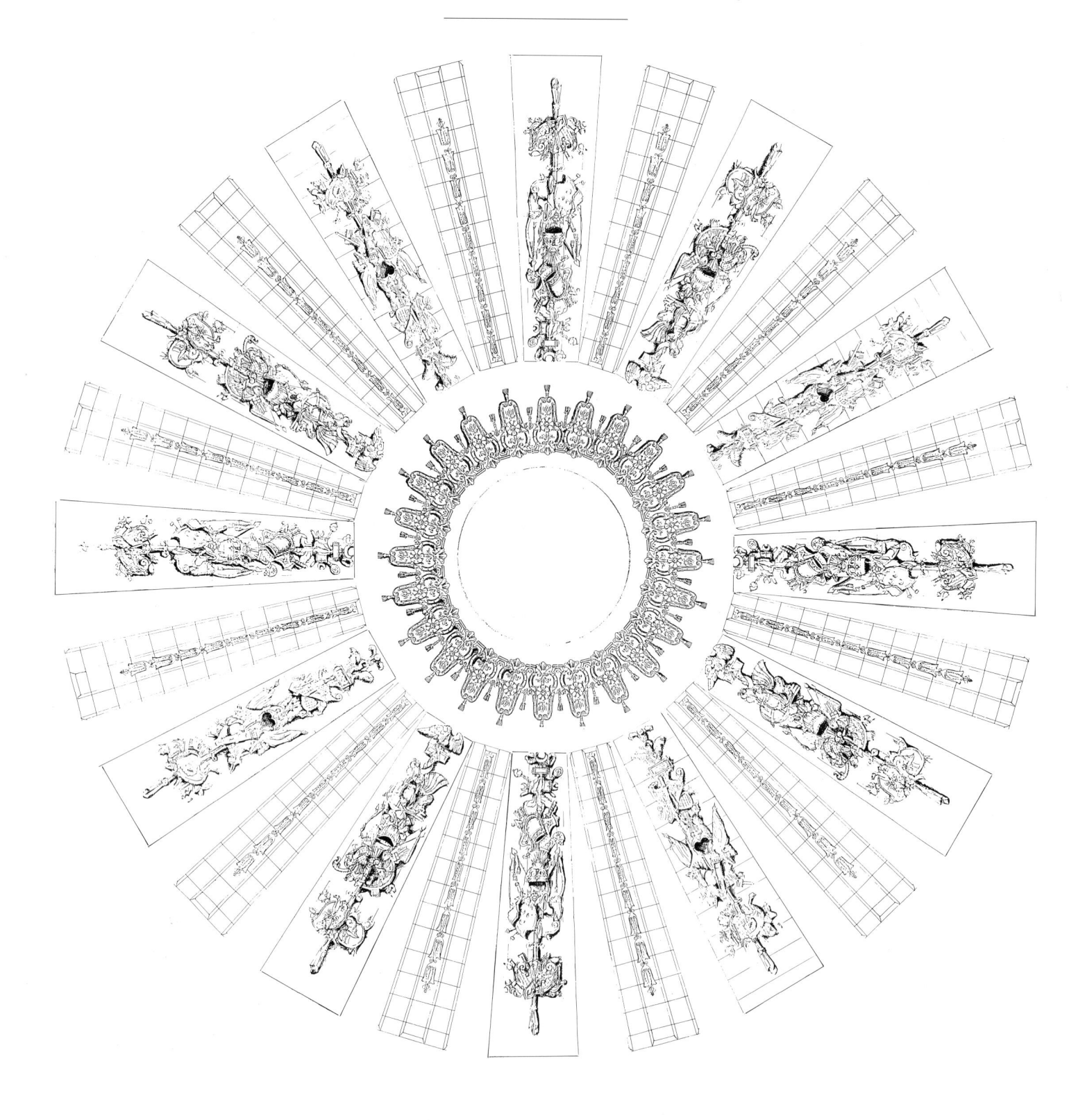

Développement des trophées au pied du lanternon.

Les travaux se déroulèrent suivant les précisions du projet. Mais une importante surprise de chantier se produisit au niveau des doubles nervures ou arêtiers séparant les trophées. En 1937, le plomb neuf avait été posé sur des formes en bois de chêne neuf et le tannin sécrété par ces bois non traités et non isolés du métal avait très profondément oxydé la face interne des plombs. Une épaisseur importante de plomb s'était transformée en blanc de céruse pulvérulent sans qu'il ait été possible de déceler le mal avant les travaux. Il convenait de remplacer complètement le plomb des arêtiers et de reposer du plomb neuf sur un carton bitumé isolant le métal du bois.

Cette situation posait un problème financier. Il fallait renoncer au plomb coulé sur sable, très onéreux. Avec l'accord de l'Inspection générale nous avons demandé l'avis du Centre du plomb qui nous a conseillé un plomb laminé très récemment mis au point par la société Métaleurop. Les feuilles d'un bel aspect ont une structure moléculaire proche du métal ancien et des essais rigoureux en laboratoire garantissent sa tenue dans le temps. La mise en œuvre de deux plombs de fabrication différente sur le même édifice servira de test pour apprécier leur tenue dans le temps et leur durabilité respectives. La corniche en pierre, en partie basse de la couverture, entre les grands vases décoratifs, non protégée des intempéries, était profondément dégradée. Après réparation de la maçonnerie par les tailleurs de pierre, une protection en plomb fut posée, mettant les maçonneries de l'édifice à l'abri des infiltrations d'eau destructrices. Aucune entreprise spécialisée n'était susceptible de réaliser à elle seule dans les délais prescrits l'ensemble des travaux nécessaires. Le travail

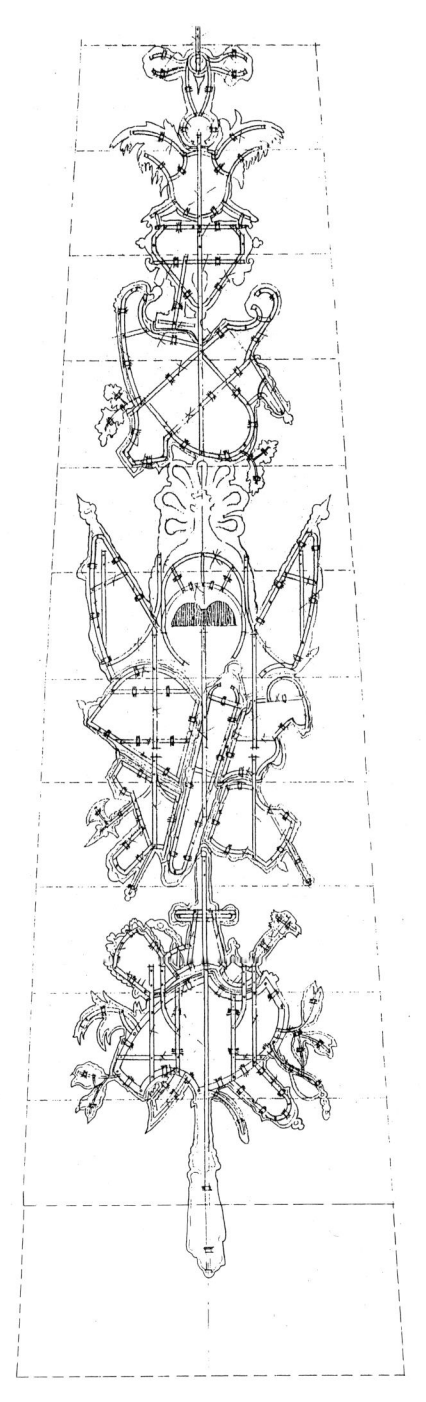

Attaches en bronze mises en place en 1937 pour recevoir les trophées.

Les ornements en plomb de la calotte sont déposés. Certains pèsent plus de 700 kilos.

fut donc divisé en cinq lots : lanternon, calotte sous le lanternon et trois lots correspondant à quatre travées de trophées pour la coupole proprement dite. Attribués chacun à une entreprise différente, ils réunirent ainsi sur le même chantier l'élite des ouvriers spécialisés dans le travail du plomb et du cuivre. Grâce à l'émulation et à l'enthousiasme de tous devant un travail aussi stimulant, la coordination se fit à la perfection et en douze semaines l'ouvrage fut réalisé, permettant aux doreurs de suivre le planning qui leur était imposé.

Le démontage – partiel – des éléments des trophées fut particulièrement spectaculaire et se fit au moyen de palans accrochés sur des renforts d'échafaudage. L'existence de vastes planchers de travail à l'intérieur de l'échafaudage cylindrique permit une remise en état immédiate, IN SITU.

Trois modèles de trophées se répètent chacun quatre fois pour former la décoration des douze quartiers du dôme. Ils symbolisent respectivement l'Empire romain, l'Empire ottoman et la maison d'Autriche, et signifient la suprématie du Roi-Soleil sur ces trois puissances. Les réparations furent exécutées par des ornemanistes maîtrisant le métal en sculpteurs accomplis.

Des graffiti de compagnons de diverses époques furent trouvés sur les plombs ainsi qu'un message daté de 1937, abandonné dans une petite boîte de métal placée sous un ornement. Ce message disait : « Les quarante heures, on les aura ! » Les couvreurs d'aujourd'hui ont, eux aussi, laissé leur message.

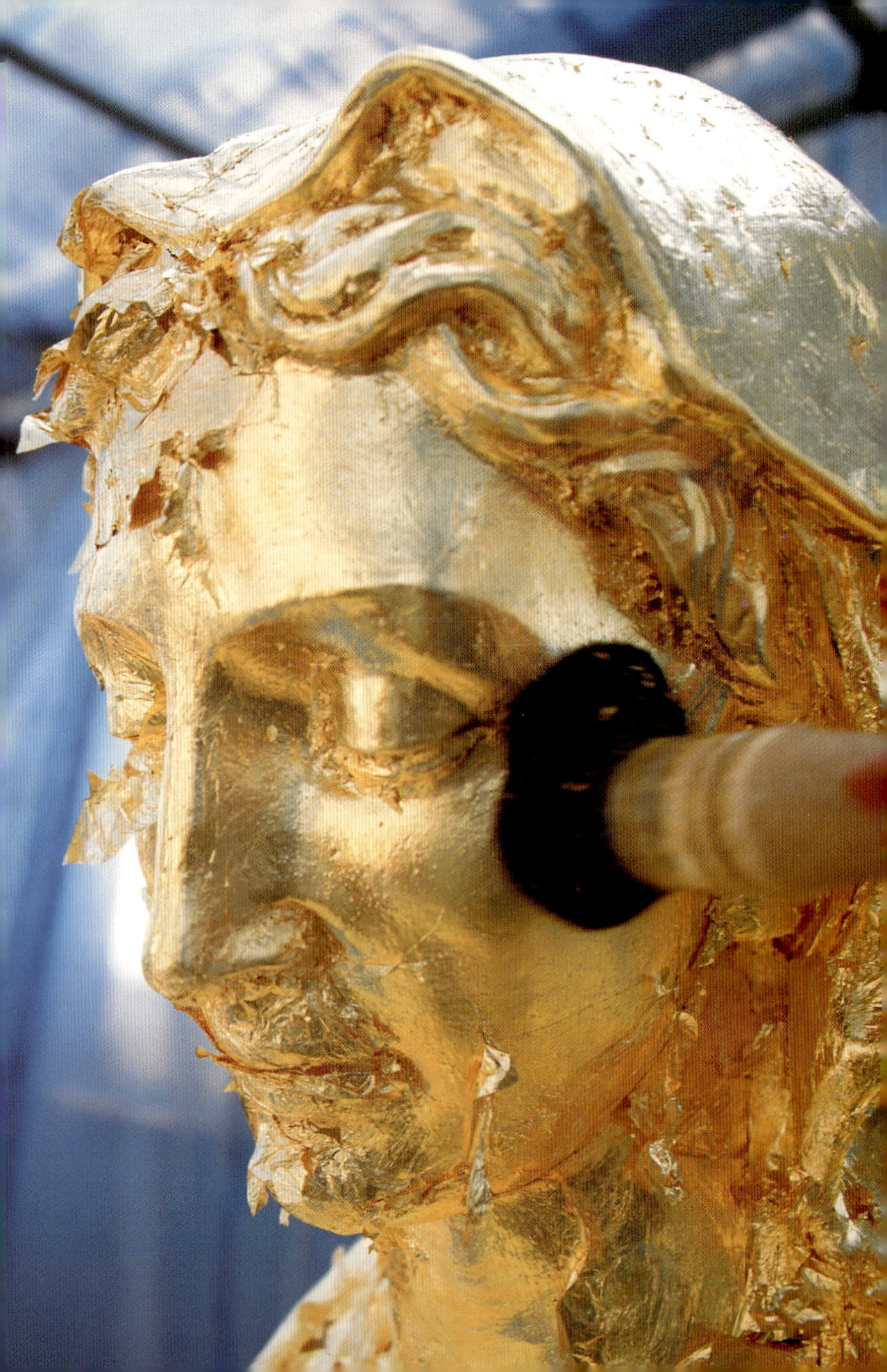

La
Dorure

AURI SACRA FAMES[*]

L'or est fils de Jupiter. Les Anciens, en voyant les pépites couler dans la rivière, croyaient voir des parcelles de soleil. Ces pépites, toutes porteuses de la magie de mille feux de cet astre, cet or qui passionna les hommes depuis son origine et qui se laisse battre pour émerveiller son bourreau, furent la passion des dieux, des rois et des hommes. Nabuchodonosor, la reine de Saba, le roi Salomon, Moïse, les esclaves, les pirates et les corsaires et combien d'autres furent victimes de son mystère.

La Toison d'or, les pommes d'or des Hespérides qui revinrent à Athéna que Phidias, pour honorer son souvenir, représenta en une statue construite en briques d'or plus haute que le Parthénon, créant ainsi la plus belle image d'art et de confiance qu'une banque d'État ait jamais osé réaliser, peuplent de souvenirs mythiques et légendaires l'histoire de notre humanité.

Texte de Paul Arzens (†1990),
prononcé par lui-même dans le film de Pierre Pochet,
OR ET SOLEIL SUR PARIS, tourné sur le chantier de restauration du dôme
en 1989.

[*]. « Fatale soif de l'or », Virgile, L'ÉNÉIDE.

LA DORURE

Bien que non lisible du sol, cette tête de bélier a été modelée puis fondue en plomb et dorée
avec un souci de perfection artistique rappelant le travail des imagiers du Moyen Âge,
qui décoraient les parties hautes des cathédrales de figures offertes au ciel.

La ductilité incroyable de l'or et sa quasi-inaltérabilité chimique ont depuis la nuit des temps rendu ce métal fabuleux. L'esprit est confondu devant cette possibilité de couvrir d'or pour cinquante ans une surface de plusieurs milliers de mètres carrés au moyen du contenu d'une simple bouteille, alors que l'eau de cette même bouteille ne pourrait mouiller qu'une surface de quelques mètres carrés et pour quelques instants.

UNE BOUTEILLE D'OR DE 12,6 KILOS

La quantité d'or utilisée pour la dorure du dôme des Invalides est la suivante. Les feuilles mesurent 84 millimètres au carré. Elles ont une épaisseur de 0,2 micron, c'est-à-dire qu'une lame d'or de 1 millimètre d'épaisseur produit cinq mille feuilles de 0,2 micron. Le chantier a nécessité l'emploi de cinq cent cinquante mille feuilles d'or correspondant à une épaisseur d'or de 550 000 divisé par 5 000 : 110 millimètres. Le volume d'or est donc égal à 84 x 84 x 110 : 776 616 millimètres cubes ou 77,6 décilitres, soit le contenu d'une bouteille de Bordeaux ! Le poids total de l'or ayant servi pour la couverture du dôme est d'environ 12,6 kilos.

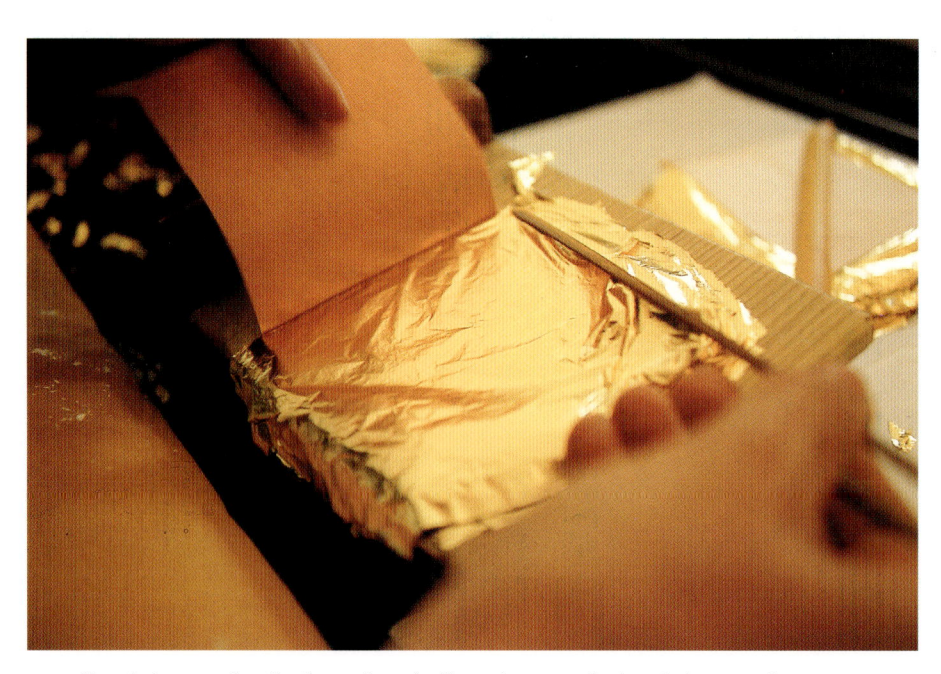

Chez le batteur d'or, ébarbage d'une feuille après une opération de battage d'un carnet. Cinq cent cinquante mille feuilles d'or de 84 millimètres de côté et de 0,2 micron d'épaisseur sont posées une à une pour couvrir les 2 850 mètres carrés de cuivre et de plomb à dorer.

LA DORURE

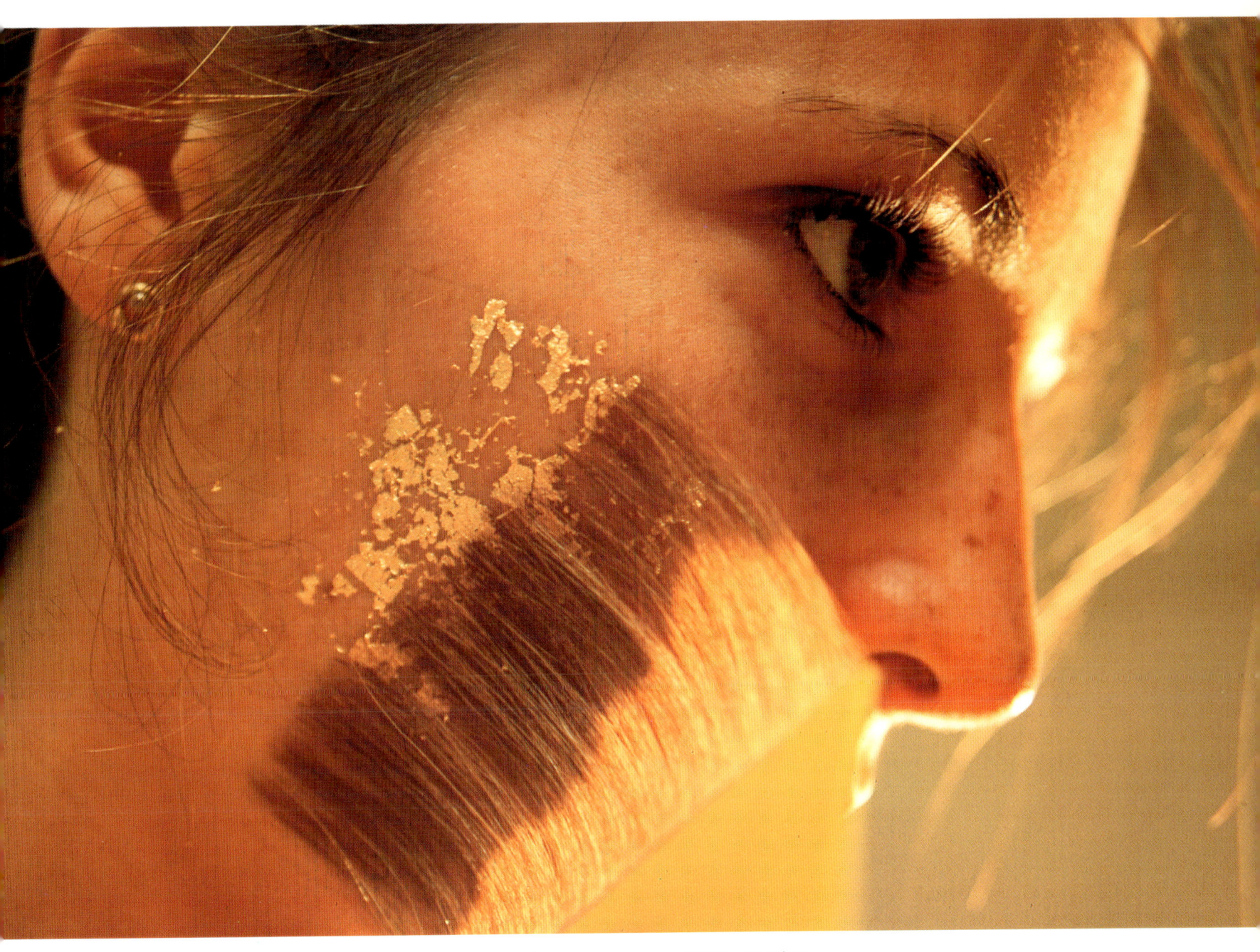

Un des gestes du doreur est de passer la « palette » sur sa joue,
afin de créer l'électricité statique qui permet à l'impalpable feuille d'or
d'être « aspirée » puis déposée à l'endroit choisi.

Les feuilles d'or livrées par petits carnets sur le chantier sont d'une finesse impalpable. L'art du doreur consiste à les transférer du carnet sur la surface à dorer, sans perte et sans déformation. Entre des mains inexpertes la feuille se froisse immédiatement, réduite instantanément à un état insignifiant. Les photos de ce livre illustrent l'art du doreur, son habileté et sa patience.

Le Choix du procédé de dorure

Nous avons vu qu'il était indispensable de mener des études techniques préalables. Fallait-il exécuter, en y apportant le maximum de soin, une dorure traditionnelle « à la feuille », ou bien était-il possible de

Après étude, réparation, soudure, décapage, « teinte dure », mixtion, puis dorure, la boule et ses fleurs de lys apparaissent dans leur splendeur retrouvée.

réaliser une dorure par d'autres procédés ? La technique consistant à recouvrir les surfaces à dorer d'une « peinture » faite de poudre d'or fixée dans une résine à haute résistance fut envisagée. Pour obtenir un aspect satisfaisant (de beaux échantillons furent présentés), il fallait une quantité d'or très importante – ce qui signifiait un coût élevé. En outre, les éminents chimistes consultés demandaient six mois d'études et de tests avant de pouvoir livrer un produit fiable. Cette solution fut donc abandonnée.

LA DORURE

Trophée hautement symbolique, cette tête de bélier vient d'être sablée
et apparaît dans toute la pureté de son modelé, prête pour les différentes opérations
de peinture et de dorure.

Cette femme, avec une patience infinie, couvre l'immensité
du dôme de ses minuscules feuilles d'or.

L'électrolyse, procédé plus que centenaire, fut alors envisagée. Était-il possible d'utiliser pour des pièces monumentales cette technique jusqu'ici réservée aux objets de dimensions réduites en raison des cuves de traitement ? Les progrès récents des traitements de surface par ce moyen incitaient à analyser les possibilités d'une dorure électrolytique.

Électricité de France, très motivée par ces méthodes, proposa ses services pour mener une étude dans ce sens et mit à la disposition du ministère de la Culture ses ingénieurs spécialisés et ses laboratoires afin de nous apporter – bénévolement – l'assistance technique indispensable pour aborder ce domaine. J. Montluçon et son équipe d'EDF reprirent activement des études entamées en 1987. Des éprouvettes furent prélevées sur les métaux (cuivre et plomb) de l'édifice même. Des essais de dorure avec des épaisseurs de dépôt d'or et des préparations de cuivre et

LA DORURE

Une doreuse recouvre de mixtion les fleurs de lys de la flèche. La mixtion, cuite en autoclave selon une formule soigneusement gardée, doit reposer six mois en fût avant une ultime filtration.

Après un décapage à la brosse de laiton, l'accrocheur Devran 201 est appliqué sur les colonnes de cuivre du lanternon. Il garantit une isolation du cuivre et une parfaite adhérence de la « teinte dure ». Au bout de quelques heures, les feuilles d'or seront appliquées, une fois cette mixtion devenue « amoureuse », c'est-à-dire apte à les recevoir.

La flèche en cuivre fut restaurée par Crépinet en 1869. Il y remit les fleurs de lys disparues à la Révolution. Les bandes et les semis de fleurs de lys sur fond de cuivre animent le couronnement de l'édifice.

nickel différentes furent réalisés. La possibilité de créer, dans d'anciens ateliers EDF désaffectés, des cuves monumentales à la dimension des éléments des trophées de la coupole fut étudiée, ainsi que les servitudes de dépose, transport et repose de ces éléments.

Parallèlement, des éprouvettes furent confiées à plusieurs doreurs traditionnels pour réaliser des échantillons accompagnés des notices sur les produits utilisés et leur mise en œuvre.

Les laboratoires des Monuments historiques réunirent au château de Champs l'ensemble de ces éprouvettes qui furent soumises à des tests dont Mme A. Texier regroupa les résultats dans des tableaux. La résistance aux intempéries et au vieillissement, simulés, se révéla meilleure avec les éprouvettes traditionnelles qu'avec celles traitées à l'électrolyse. Pour améliorer le résultat électrolytique, il aurait fallu revoir les préparations au nickel, trop perméables aux agents de pollution, et augmenter l'épaisseur de dépôt d'or, donc retarder l'opération et accroître son coût. Par ailleurs, les opérations de dépose, transport et repose s'avéraient également très onéreuses et difficiles à réaliser dans les délais imposés.

Ces résultats furent confirmés quant aux prix par un appel d'offres mettant en compétition doreurs traditionnels et industriels, et la décision fut prise de dorer « à la feuille ».

Par crainte de ne pas trouver d'entreprise susceptible d'effectuer tout le travail dans les délais prescrits, il fut décidé lors de l'appel d'offres de définir plusieurs lots. L'entreprise Gohard, la moins disante, s'engagea et réussit l'exploit d'exécuter seule, et à la perfection, l'ensemble de la prestation. La durée d'intervention de son équipe, qui comptait par moments une douzaine d'exécutants, fut inférieure aux quatre mois exigés par le marché.

Juxtaposition des feuilles d'or, parfaitement alignées sur les surfaces planes de la base du lanternon. Le doreur, joue dorée et œil appliqué.

Malgré les anfractuosités et les recoins inaccessibles, l'équipe de
doreurs, aux gestes réglés, avance avec une régularité
de métronome.

Les opérations de dorure furent les suivantes : nettoyage du métal (plomb ou cuivre) par microbillage ; isolation du métal par peinture spéciale, Rustol pour le plomb et le fer, Devran 201 de la Seigneurie pour le cuivre ; réalisation de trois couches successives de « teinte dure » faite d'ocre jaune et de vernis gras extra dur à base de résine formophénolique et d'huiles (Lefranc) ; sur la troisième couche de « teinte dure », pose d'une couche de mixtion à base d'huile de lin cuite de chez Charbonnel ; pose des feuilles d'or battues d'une épaisseur de 0,2 micron et mesurant 84 millimètres au carré chacune. Le titrage de l'or est de 980 pour 1000, 23,5 carats et 23 grammes pour mille feuilles. Les feuilles doivent être posées dans les vingt-quatre heures qui suivent la pose de la mixtion, afin que l'adhérence sur la « teinte dure » soit parfaitement obtenue.

LA DORURE

Le lanternon, tel une pépite
sortant de sa gangue.

Pinceau en poil de putois
pour l'époussetage.

DOUBLE PAGE SUIVANTE

Détail du travail du cuivre
sur un des chapiteaux
ioniques des colonnes
du lanternon.

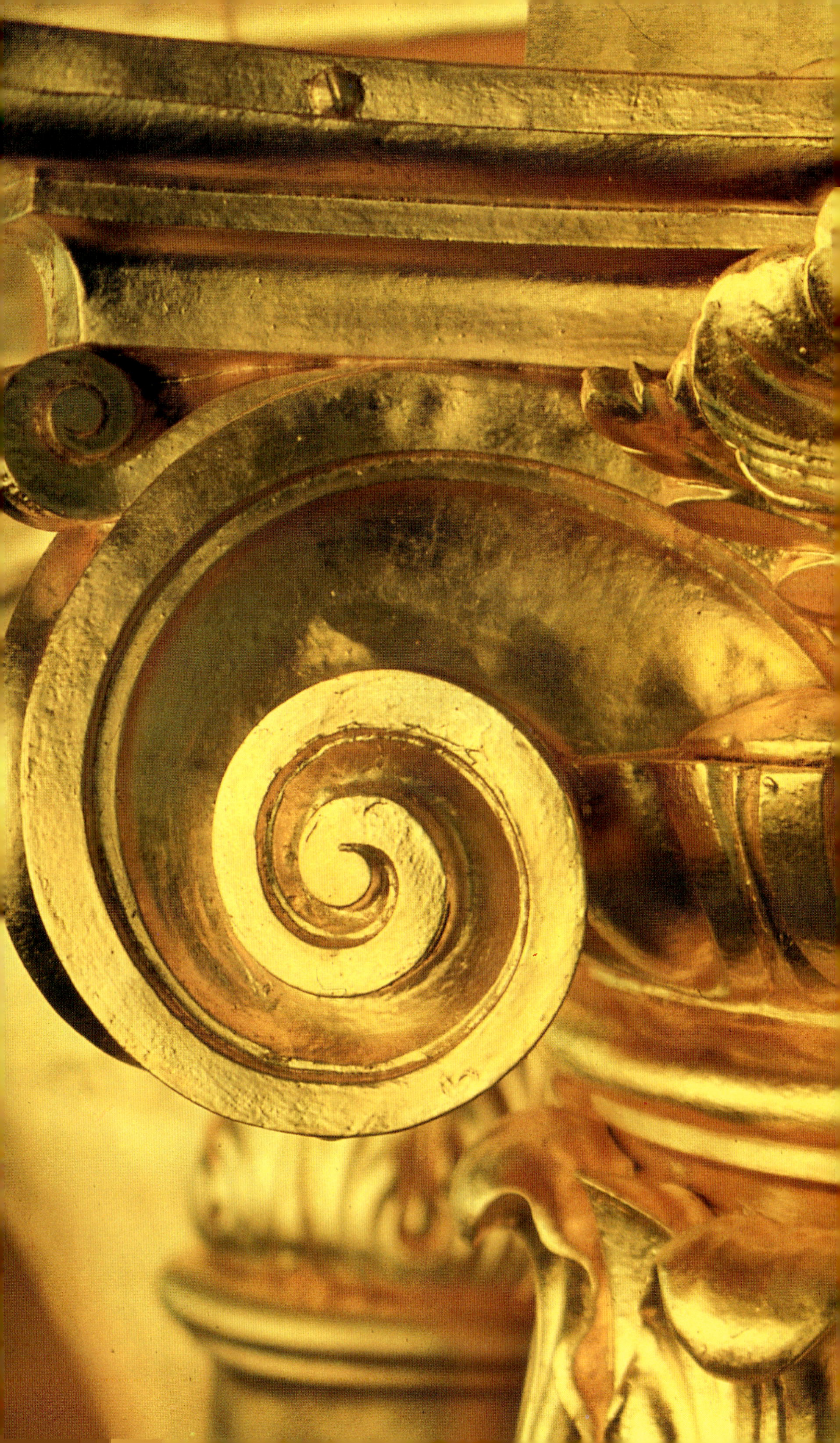

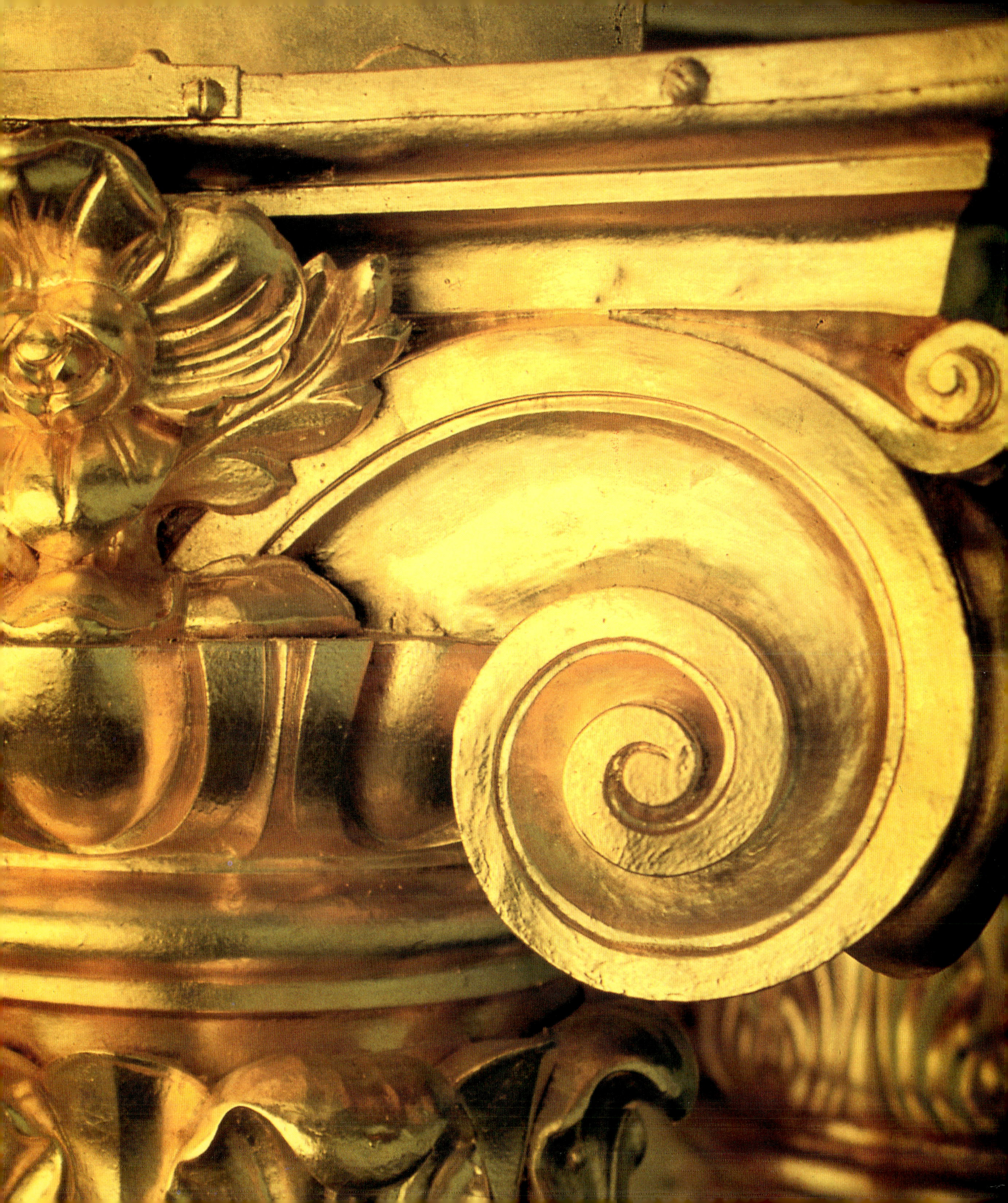

Les feuilles de couverture en plomb, autour des ornements dorés, sont protégées par deux couches de Rustol.

LA DORURE

Détail d'un pompon de plomb de 12 kilos !

L'unification de la surface se fait au pinceau sec en poil de putois. Puis des raccords complémentaires – ramendage – sont posés et le matage du travail est terminé grâce à une couche de gélatine. La qualité du nettoyage par microbillage, l'utilisation des produits d'isolation modernes (Rustol et Devran 201), les progrès dans la fabrication chimique de la « teinte dure » et de la mixtion ainsi que l'utilisation de feuilles d'or deux fois plus épaisses que celles utilisées en 1937, l'absence de vernis en surface et la pose dans des conditions climatiques optimales à l'intérieur d'un échafaudage fermé sont autant d'éléments susceptibles d'assurer une bonne durabilité au travail réalisé. On peut d'ailleurs constater aujourd'hui, six ans après l'achèvement des travaux, qu'aucune altération importante de la dorure n'est visible et l'on peut espérer une longévité de plusieurs décennies.

LE DÔME DES INVALIDES

La tête est maintenant magnifiée par sa dorure.

LE BATTAGE DE L'OR

Après la fonte à 1500°C et l'alliage, le lingot est laminé pour obtenir un ruban de l'épaisseur d'une feuille de papier et de 4,5 centimètres de largeur. Les apprêteuses découpent le ruban d'or en carrés de 4,5 centimètres de côté. Ces carrés sont introduits, au moyen de fines pinces en roseau, entre les pages d'un livre de plus grandes dimensions pour être amincis au marteau-pilon. Ce battage augmente leur surface. L'opération est renouvelée autant de fois qu'il est nécessaire pour obtenir l'épaisseur désirée. Les feuilles glissées dans des livrets sont de plus en plus fines. Les déchets d'or sont toujours soigneusement récupérés.

Ce trophée romain, amplifié par l'effet photographique, affirme une puissance de la monarchie française qui se veut supérieure à celle de Rome.

MAGIE DE L'OR

Dorer le dôme des Invalides, imprimer dans le ciel de Paris une marque étincelante que seuls les âges terniront : tel a longtemps été le rêve d'un jeune doreur. Il possédait déjà une quinzaine d'années d'expérience et traversait tous les jours le jardin des Tuileries, levant les yeux vers cette masse de plomb et de vert-de-gris ; trente-deux ans plus tard, ce même doreur, mon père, voyait ce rêve devenir réalité en signant ce qui fut pour lui le « marché du siècle ». Certains diront que c'est l'aboutissement d'une carrière exemplaire, moi, son fils, je dirai tout simplement que le rêve d'un doreur s'est transformé en défi pour son entreprise qui a su imposer la technique et les produits à utiliser, et séduire par son sérieux et son expérience.

Notre métier, « doreur », mon père le tient du hasard ; moi j'ai hérité de son savoir. C'est le 20 février 1989 au petit matin que l'équipe s'est retrouvée au pied du premier ascenseur. Tout le monde était prêt et aussi excité que moi à l'idée de s'attaquer à une telle masse. Il faut bien avouer que sans être affolé par la surface à recouvrir d'or, aucun de nous ne pouvait dire avec précision combien de temps cela allait nous prendre. Évidemment nous avions des dates butoir, mais l'objectif était justement de ne pas les dépasser, et même, si possible, de terminer avant. Dès la première semaine nous avons emballé la machine et imposé un rythme qui resta le même jusqu'à la dernière feuille. Chaque événement était fêté dignement avec tous les participants ; l'achèvement de la flèche, du lanternon puis de la calotte donnèrent ainsi lieu à des réunions inoubliables dans la digne tradition du chantier. Chaque membre de l'équipe avait son rôle à jouer et chacun savait avec précision ce qu'allait être sa journée.

Au début, il nous fallut un peu nous battre avec nos produits, qui à 100 mètres du sol ne réagissaient pas comme nous en avions l'habitude ;

Le matin du premier jour de dorure : les sept doreurs de l'atelier Gohard se laissent photographier sur la passerelle reliant l'arrivée de l'ascenseur au pied du lanternon.

mais les solutions furent vite trouvées et nous ne fûmes pas freinés dans notre progression.

Un des moments forts du chantier fut la dorure de la clé de voûte par l'architecte en chef. Cette partie de l'édifice lui revenait de droit et nous lui avions gardé quelques feuilles à poser. Je m'en souviens, c'était un mardi en fin de matinée, jour de rendez-vous. Il pleuvait et l'ascenseur n'aimait pas l'humidité… Tout le monde s'est hissé jusqu'au lanternon, bravant les bourrasques, et sans savoir exactement pourquoi, car le secret avait été gardé. L'architecte officia avec toute l'émotion requise, au milieu de l'équipe, et ce fut l'occasion de trinquer et de fêter l'achèvement de la dorure du lanternon.

Des anecdotes comme celle-ci, il y en aurait beaucoup à raconter ; ces quatre mois furent d'une telle intensité que chaque participant les conserve comme une part exceptionnelle de sa vie. Notre intervention sur le dôme proprement dit a coïncidé avec l'arrivée des beaux jours.

Nous avons commencé par dorer l'ornementation puis les arêtiers, progressant par quartier, suivant l'avancement du peintre qui lui-même suivait les couvreurs, et c'est ainsi que nous nous sommes retrouvés en bas de la couverture durant le mois de mai.

Les statues sont arrivées peu de temps après ; nous les avons dorées sur l'étage intermédiaire, dans une grande tente installée par les échafaudeurs. Ce fut réellement une partie de plaisir, et c'est avec fierté que nous les vîmes s'envoler dans le ciel de Paris, ce fameux 20 juin 1989, jour où tous les doreurs étaient couverts d'un casque d'or. Ces casques ont changé de tête et sont devenus un souvenir pour leurs nouveaux propriétaires.

Pour chacun demeure la satisfaction d'une œuvre accomplie, d'un moment fort, d'une période inoubliable, et pour mon père, l'éblouissement d'un rêve réalisé.

FABRICE GOHARD

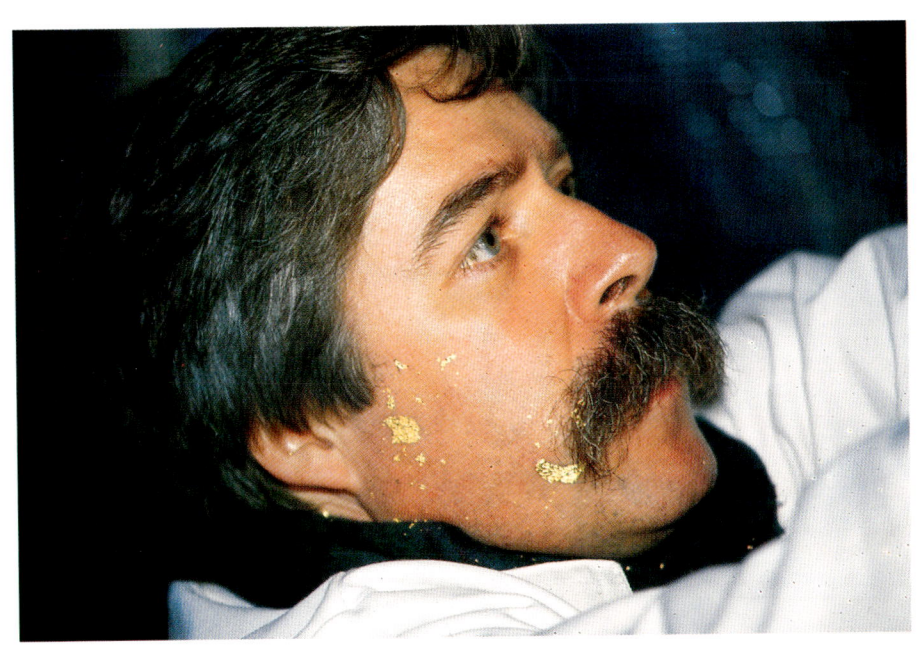

Fabrice Gohard en pleine action.

Les Sculpteurs créateurs de statues et les Fondeurs

La campagne de dorure s'est accompagnée d'une restitution de la statuaire : le programme iconographique du décor sculpté extérieur du dôme des Invalides est connu grâce à l'abbé Pérau et à plusieurs descriptions, témoignages et marchés des XVIIe et XVIIIe siècles. Il comprenait non seulement les six statues en pierre encore en place sur la façade du soubassement du dôme, mais également seize grandes statues autour du tambour, à hauteur de la balustrade intermédiaire. Elles représentaient les apôtres et des prophètes. Un troisième ensemble de sculptures couronnait le garde-corps du soubassement carré du dôme et le fronton. Il s'agissait aussi de prophètes, de docteurs et de Vertus. Enfin, quatre statues de Vertus en plomb doré ornaient le lanternon terminal. En 1793, en raison de leur mauvais état (les ossatures en fer avaient, en rouillant, disloqué les plombs), ces statues furent démontées. Le plomb récupéré fut transformé en balles pour les armées de la patrie en danger. Nous savons, grâce à François Souchal, que ces statues étaient l'œuvre de quatre sculpteurs : Nicolas Coustou, Flamen, Garnier et Bourdy. Par les témoignages du XVIIIe siècle, on sait aussi que les thèmes iconographiques des Invalides furent intégralement repris lors de la réalisation des sculptures extérieures de la chapelle de Versailles. Les statues du lanternon des Invalides correspondaient aux statues couronnant le clocher de la chapelle Royale de Versailles. Ces statues, toujours en place, représentent la Foi, la Justice, la Charité et la Religion et sont l'œuvre d'une équipe de sculpteurs qui venait de terminer les travaux des Invalides.

Juste retour des choses : les statues de Versailles, qui eurent à l'origine pour modèles celles des Invalides, servirent de nos jours à inspirer les deux sculpteurs, Fancelli et Bouvier, pour réaliser les restitutions qui s'inscrivent de nouveau sur le ciel de Paris.

Entre l'idée initiale et la pose des statues, de nombreuses étapes sont à franchir.

Le sculpteur d'aujourd'hui a su exprimer dans le bronze la majesté et la gravité des Vertus du Grand Siècle.

LE DÔME DES INVALIDES

Cette gravure fait apparaître l'ensemble de la statuaire qui animait le dôme et lui donnait son caractère baroque. Seules les six statues placées sur la façade du soubassement et les quatre statues remontées sur le lanternon existent aujourd'hui.

LA DORURE

Les quatre moulages des statues arrivent aux Invalides, sortis des ateliers des trois fondeurs.

Tout d'abord un concours fut organisé. Les concurrents furent invités, par annonce légale dans la presse professionnelle, à s'inscrire auprès de la Conservation régionale. L'épreuve de concours consistait à présenter des maquettes modelées en terre et moulées en plâtre au quart de la grandeur, c'est à dire de 57,5 centimètres de haut, représentant deux Vertus dans le style des élèves de Girardon (la référence précise aux statues de la chapelle Royale de Versailles n'était pas encore donnée). Deux concurrents montrèrent qu'ils maîtrisaient ce style avec aisance et brio. Les autres donnaient à leurs propositions une raideur et un académisme « néo-classiques » éloignés du mouvement et de la vie du grand style que l'on appelle aujourd'hui baroque. Le concours fut jugé par la Commission supérieure des monuments historiques.

La mixtion a recouvert toute la statue et ne sera « amoureuse » que quelques heures. Quatre doreurs sont à l'œuvre ensemble pour la dorer dans les délais de séchage.

Une statue fut alors confiée à Bouvier, les trois autres à Fancelli, dont les références sont prestigieuses. La seconde étape commençait. Elle consistait à réaliser demi-grandeur le modèle définitif. Ici se situe une anecdote qui montre ce qu'est le « métier » d'un sculpteur.

Les maquettes de Fancelli représentaient des Vertus ravissantes mais un peu légères par rapport aux modèles de Versailles que nous demandions maintenant de suivre ; je le lui expliquai dans son atelier. Tout en m'écoutant, il continuait de modeler son épreuve en terre. Les épaules me paraissaient légèrement fluettes et trop dénudées, la poitrine un peu juvénile, la jambe excessivement découverte, la coiffure trop fantaisiste, le port de tête exagérément gracieux. Et le « miracle » se produisit petit à petit : la jeune déesse faite pour un parc d'agrément devenait, au fur et à mesure que je parlais, une puissante Vertu romaine. Les épaules prenaient du volume et se drapaient généreusement. Le port de tête se redressait d'un coup de pouce. Un chignon sur la nuque, une chute de plis sur la jambe, et la métamorphose était complète et instantanée grâce à la connaissance parfaite de la forme par l'artiste : connaissance de la structure du corps humain, de son anatomie et de sa mise en mouvement ; connaissance aussi de la disposition et du style des drapés ainsi que des formules pour les exprimer.

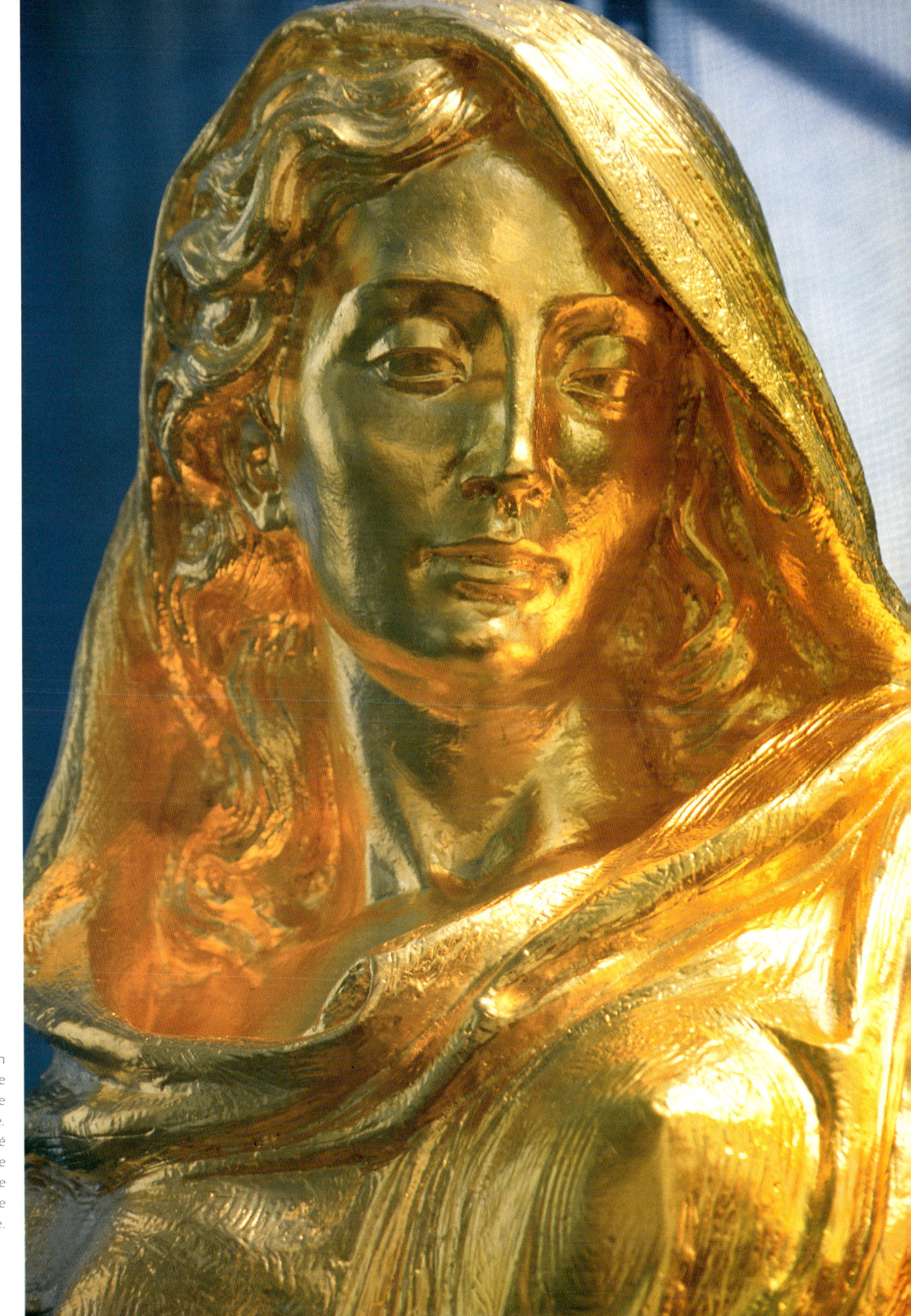

Le sculpteur florentin qui a conçu ce visage l'a empreint d'une beauté italienne. Le bronze doré a reçu après matage une fine couche de gélatine passée à l'éponge.

« JUSTICE EST FAITE »

Le service des Monuments historiques, sur proposition de l'architecte en chef, m'invite à participer au concours lancé pour la restitution des statues de Vertus du lanternon du dôme des Invalides, disparues à la Révolution. Première émotion, premier bonheur !... J'avais déjà travaillé sous la direction de J.-C. Rochette dans ma province lointaine, entre Provence et Languedoc, sur des édifices médiévaux. Il m'en restait d'excellents souvenirs. Au moment du concours je « montais » régulièrement à Paris pour réaliser, place de la Concorde, la statue allégorique de la ville de Lille, de style néo-classique.

Maintenant il fallait changer de registre, s'imprégner du style du Grand Siècle, que l'on appelle aujourd'hui « baroque », et retrouver les gestes des sculpteurs de l'équipe de Girardon à partir des statues de la chapelle Royale de Versailles. La maquette d'intention pour le concours devait être exécutée au cinquième de la dimension réelle, et réalisée dans un délai très court. Je choisis l'allégorie de la Justice et la réalisai en cire. L'exercice fut passionnant.

Savoir que ma statuette était présentée au jury au milieu d'un parterre d'œuvres de sculpteurs « très parisiens » n'était pas sans me troubler. Apprendre qu'elle était retenue avec celle du maître incontesté du genre, Vincenzo Fancelli, acheva de me combler.

C'est dire avec quel enthousiasme mon atelier réalisa la maquette définitive, au tiers de la grandeur réelle, sous la houlette de l'architecte en chef et de l'inspecteur général. Cette maquette en terre, moulée à creux perdu, fut tirée en plâtre coloré terre cuite.

L'étape suivante ne fut pas moins passionnante. Nous devions fournir « grandeur réelle » le modèle pour le fondeur. L'exécution en terre fut une affaire délicate étant donné la taille (2,20 mètres de hauteur) et l'importance des drapés en encorbellement.

Il fallait travailler en fonction de la position de la statue au sommet du monument, à plus de 80 mètres du sol. La tête augmenta légèrement par rapport à la maquette ; les plis eurent l'amplitude voulue pour être lisibles à distance. Ils devaient aussi être réalisables par le fondeur.

Le sujet en terre nous parut satisfaisant grâce à son aspect luisant très sensible, sa couleur, ses touches d'outils bien lisibles. Après durcissement par application de résine acrylique et réalisation d'un moule en élastomère, il en fut tiré une épreuve en plâtre. Quelle déception ! Le plâtre étant une matière ingrate et sans pitié, un travail de retouche long, délicat et néanmoins passionnant s'imposa pour obtenir l'œuvre aboutie.

La statue fut alors livrée aux fondeurs, les Ateliers de Coubertin, qui décrivent par ailleurs leur travail. Une merveilleuse surprise nous attendait au stade de l'épreuve en cire : le bel aspect de la terre était retrouvé ! Que d'émotion à suivre alors le travail du bronzier, puis celui du doreur !

Et voici le grand jour arrivé. Au coude à coude l'architecte en chef, l'inspecteur général, les fondeurs, les doreurs, Fancelli et moi-même assistons, fascinés, à l'ascension quasi miraculeuse des statues dans le ciel de Paris, jusqu'à leur emplacement définitif, à la base de la flèche du lanternon.

L'ensemble des étapes de la création défile dans ma tête. Nous sommes tous conscients qu'une œuvre de cette nature est une réalisation collective où chacun, à sa place, a assuré sa part de travail passionné et de responsabilité, formant un maillon de la chaîne qui permit, avec humilité et dans le respect des œuvres originales, d'intégrer ces créations au prestigieux monument historique qu'est le dôme des Invalides.

Je souhaite à tout sculpteur digne de ce nom de vivre des moments aussi forts.

Jean-Lou Bouvier

RÉALISATION EN BRONZE DE LA STATUE DE LA JUSTICE PAR LES ATELIERS DE COUBERTIN

La Justice arrive dans nos ateliers : 2,56 mètres de hauteur, un superbe travail !...

Nous disposons de quatre mois pour réaliser le bronze. C'est un délai très court, compte tenu des temps de séchage et de cuisson. La Justice passera donc avant Rodin et Bourdelle...

Le choix technique doit se faire entre fonte au sable et cire perdue. La complexité des détails nous fait opter pour la « cire perdue », procédé qui évite trop de ciselure. Mais en cas d'échec, nous n'aurons pas le temps de recommencer. Nous prenons le risque.

Nous réalisons un premier moule de la statue. Après badigeonnage du modèle avec un produit isolant et définition des joints, le plâtre reçoit plusieurs couches de silicone élastomère. Ce produit pénétrera tous les détails de l'œuvre et formera une membrane souple, qui recevra une chape en résine de polyester armée de fibre de verre. Un mois à trois personnes sera nécessaire pour obtenir ce moule creux, rigide et fidèle. Le plâtre original servira de modèle pour l'opération finale, la ciselure.

La deuxième opération consiste à créer le « noyau » du coulage. Dans le moule qui vient d'être réalisé, nous coulons un mélange de ciment fondu et de chamotte. Après douze heures de prise, une nouvelle statue apparaît, que nous grattons et pelons entièrement sur une épaisseur de 7 à 8 millimètres, soit celle du bronze futur. Nous l'enfermons dans le moule élastomère nettoyé, telle une grosse bille à l'intérieur d'un grelot. Elle est devenue le « noyau » et sera cuite avant le coulage du bronze pour devenir réfractaire. En attendant, la cire coulée à 95 degrés vient remplir l'espace libre entre ce noyau et le moule.

La troisième opération vise à exécuter un dernier moule adhérent à la cire et susceptible de résister au métal en fusion. Auparavant nous réalisons un véritable circuit artériel extérieur qui comprendra les « attaques », tuyauteries et points d'arrivée du métal liquide, les « évents », et les « tire-cire » pour l'évacuation de l'air. Il aura fallu un mois et demi pour réaliser les étapes « noyau », « cire » et « circuit ».

Nous disposons de trois semaines pour faire le moule de coulée. Une première couche, déterminante, est réalisée au pinceau avec une barbotine de kaolin ; puis une couche de stuc réfractaire sera passée quotidiennement, durant dix jours d'affilée, suivis d'un séchage intensif par ventilation.

Nous procédons alors au décirage et à la cuisson du moule. L'ensemble formé par le noyau, la cire et le moule en stuc réfractaire cru est introduit dans le four. La montée en température se fait lentement de 20 à 180 degrés en six heures. La cire fond et est évacuée par les « tire-cire ». La température s'élève progressivement jusqu'à 750 degrés pendant douze heures. Le moule, devenu céramique, est rouge cerise. Après refroidissement, les « tire-cire » sont bouchés et l'ensemble est porté à 650 degrés durant douze heures. Moule et noyau sont devenus aptes à recevoir la coulée.

À un mois de la livraison, aucun faux pas n'est autorisé. Le jeudi matin à 7 h 30, les deux fours de fusion du métal sont allumés. La quantité de métal nécessaire est équivalente à celle du litrage de cire coulée. Il faut 680 kilos de bronze pour la sculpture, 140 pour le « circuit artériel » et 80 pour la sécurité. Pour une fonderie, la « coulée » est toujours un moment de tension extrême. En dix ou quinze secondes vont se concrétiser trois mois d'efforts. La solennité du moment empêche d'envisager l'échec. Les dernières vérifications sont opérées : température du moule, température du métal, bon fonctionnement du matériel.

À 13 h 30, le moule céramique renfermant son noyau est sorti du four et mis en fosse. À 15 h 15 le bronze porté à 1 180 degrés est « jeté » dans la « verse » du moule. Dans un silence pesant, chacun, à son poste, effectue des gestes précis. La manœuvre s'est bien déroulée ; le surplus de métal est versé dans les lingotières. La tension retombe.

Encore douze heures de patience, le temps que le métal refroidisse. La Justice est née.

Elle est alors confiée aux mains expertes des ciseleurs. Une bonne semaine sera consacrée au montage des éléments coulés à part ; et deux autres à la ciselure des reprises des « attaques », des jets d'alimentation, des orifices des broches, une dernière semaine enfin à la finition des détails du visage et des mains et au dressage de la base avec ses fixations. Après neuf cent soixante heures d'un travail d'équipe rondement mené, la Justice quitte la fonderie pour rejoindre ses trois sœurs sur le lanternon des Invalides.

Grâce à la tradition du métier et au travail des compagnons, l'œuvre disparue il y a deux siècles veille de nouveau sur la capitale.

Jean Dubos

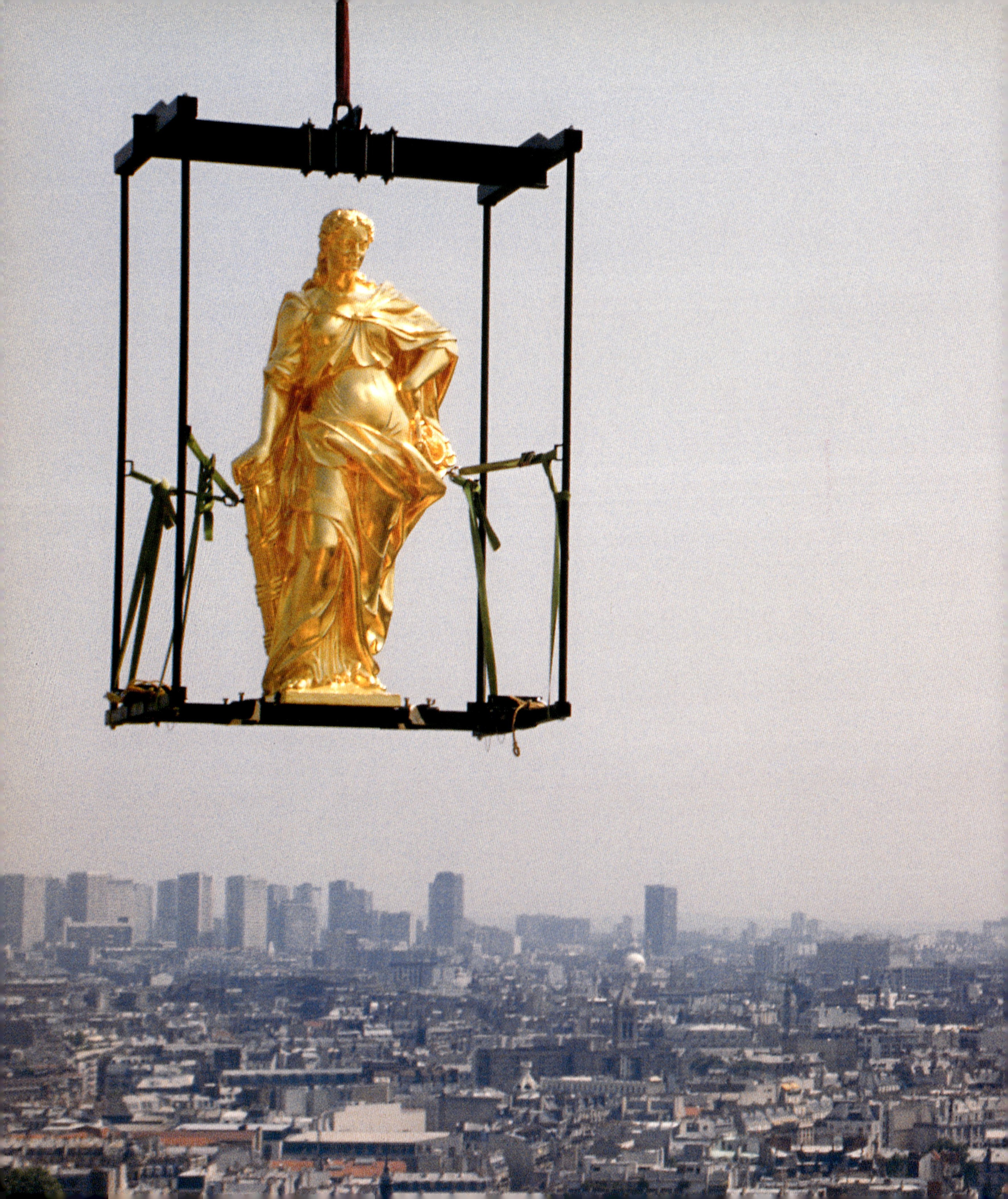

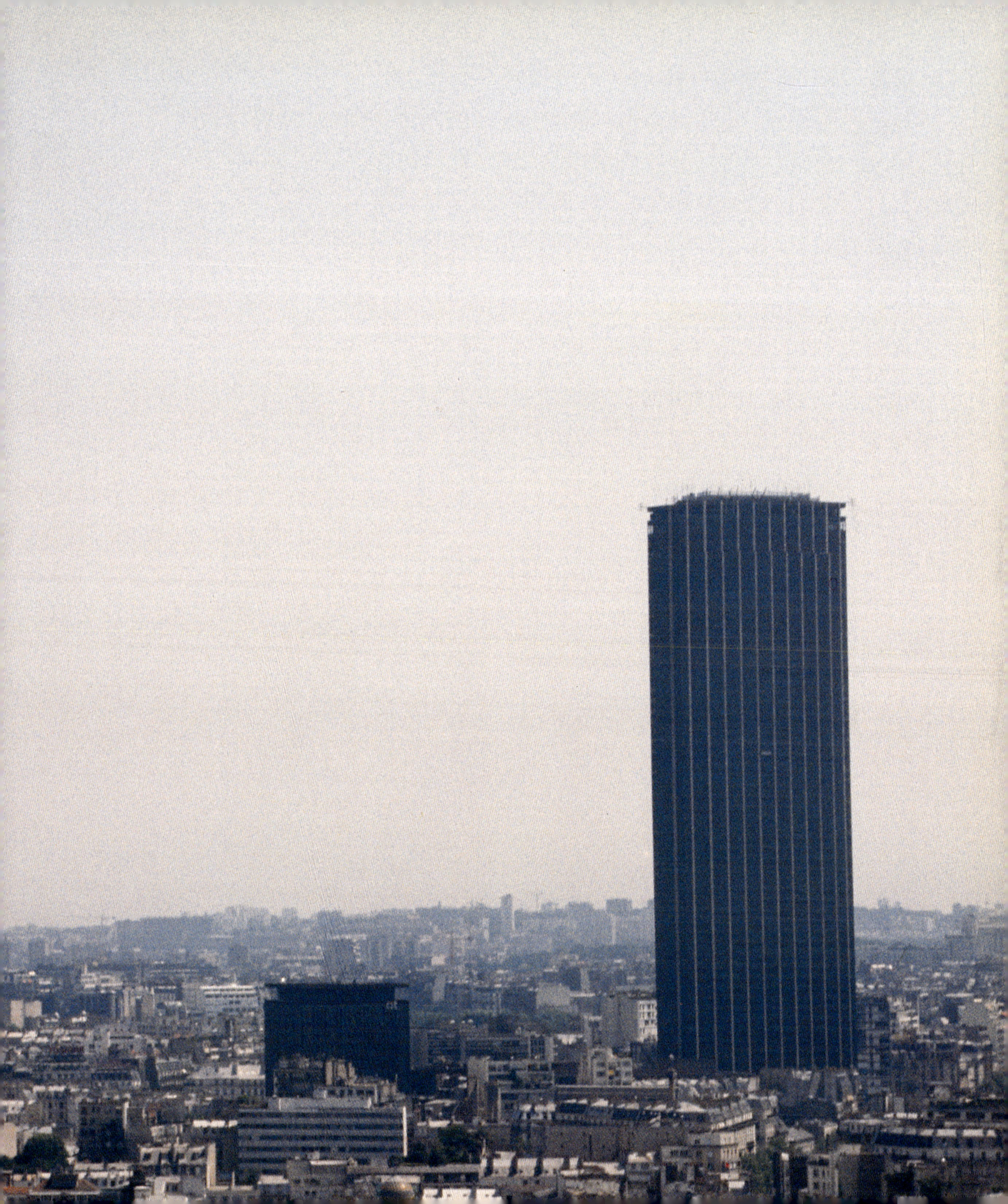

LE DÔME DES INVALIDES

Mais aujourd'hui des hommes comme Fancelli, élève dès l'âge de six ans dans l'atelier de son père, sculpteur de tradition à Florence, sont rarissimes ; et il n'y a plus d'école pour enseigner le savoir nécessaire au grand art de la sculpture monumentale. Les meilleurs sont pratiquement des autodidactes confrontés à la critique contemporaine qui n'approuve guère leurs efforts.

DOUBLE PAGE
PRÉCÉDENTE

Moment d'émotion !
La grue géante
enlève une statue
pour la déposer
délicatement à
son emplacement
définitif.

La grue moderne
transforme en un jeu
avec des manettes
électriques ce qui fut
un exploit technique
des charpentiers du
XVIIIe siècle : la mise
en place des statues.

La flèche
des Invalides
fut longtemps
le point construit
le plus élevé
de Paris.

La Religion reprend
sa place, selon
l'ordre des choses
voulu par les
bâtisseurs du roi.

Après approbation de la maquette demi-grandeur et son moulage en plâtre, commence la troisième étape : l'agrandissement, en terre, du modèle définitif. Ce travail peut être confié dans un premier temps à un metteur au point qui mène le travail aussi loin qu'il lui est possible. Le sculpteur-concepteur vient terminer la statue, y apporter sa touche finale, y affirmer son caractère par son « écriture » qui personnalisera l'œuvre.

La statue définitive en terre est alors moulée en plâtre et livrée à l'atelier de fonderie. Dans le cas présent, les délais d'exécution nous conduisirent à solliciter les trois plus importants ateliers de la région parisienne, l'un d'entre eux ayant à couler deux statues.

L'art du bronze est aussi ancien que les civilisations dont il accompagne la naissance. Mais il existe plusieurs techniques de réalisation qui se sont affinées à travers les siècles : la « fonte à la cire perdue » qui fut employée par les compagnons de Coubertin, et la « fonte au sable » par les ateliers Landowski et Susse.

Une fois les statues terminées, elles sont livrées aux mains du ciseleur, véritable sculpteur sur métal, qui corrige les divers défauts inévitablement liés à l'opération de fonte, allant jusqu'à refaire et réintroduire dans la pièce des parties mal venues.

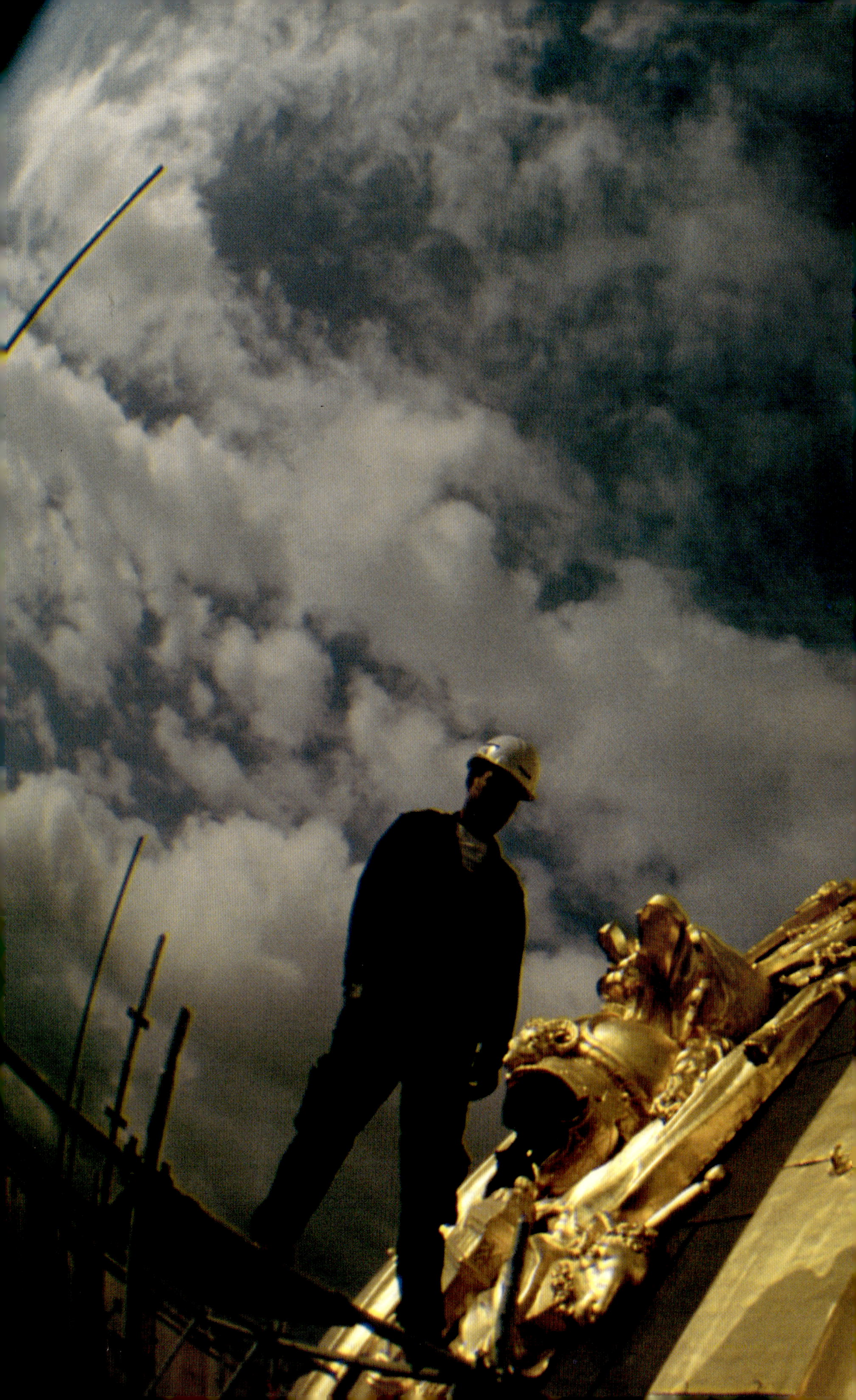

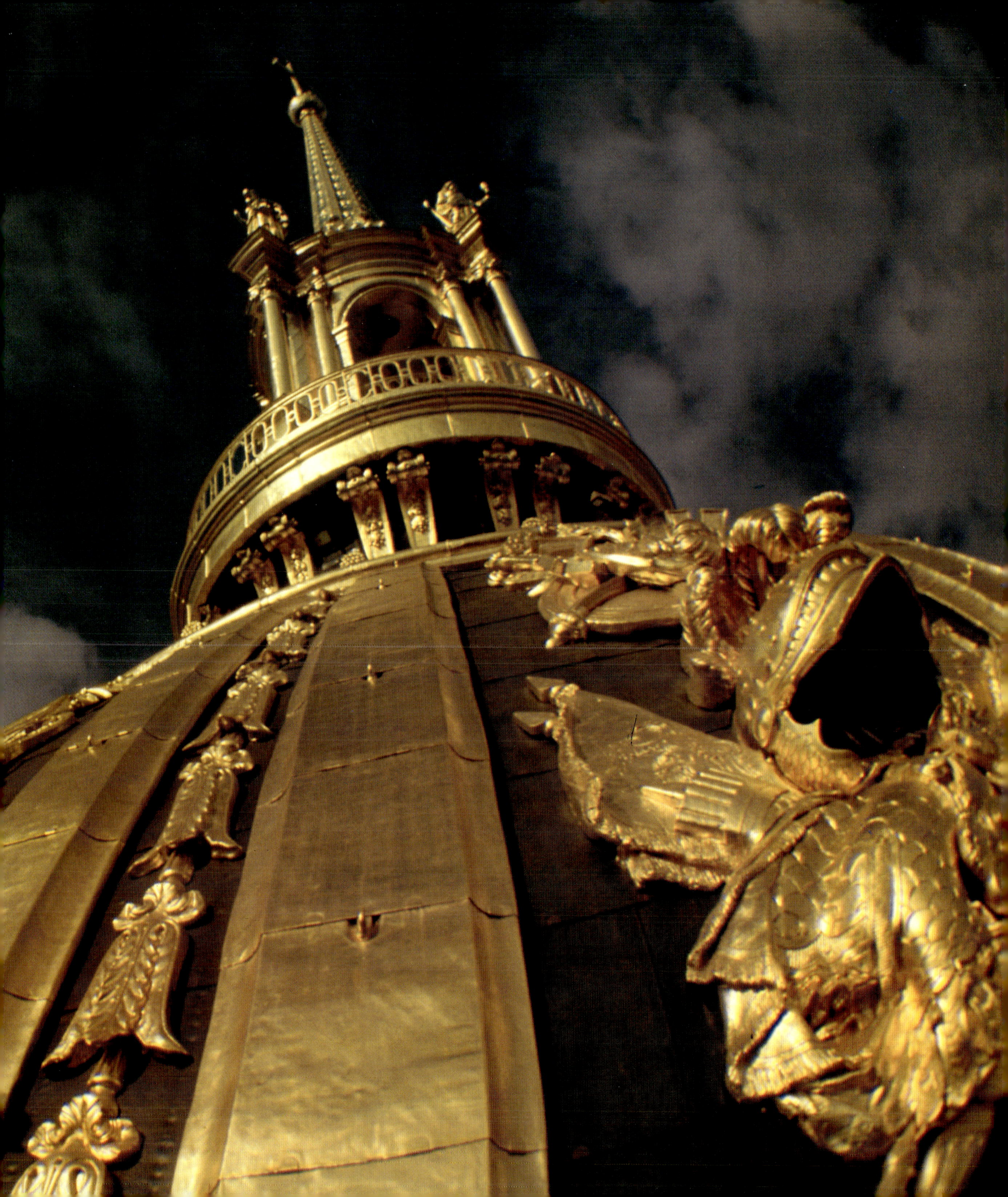

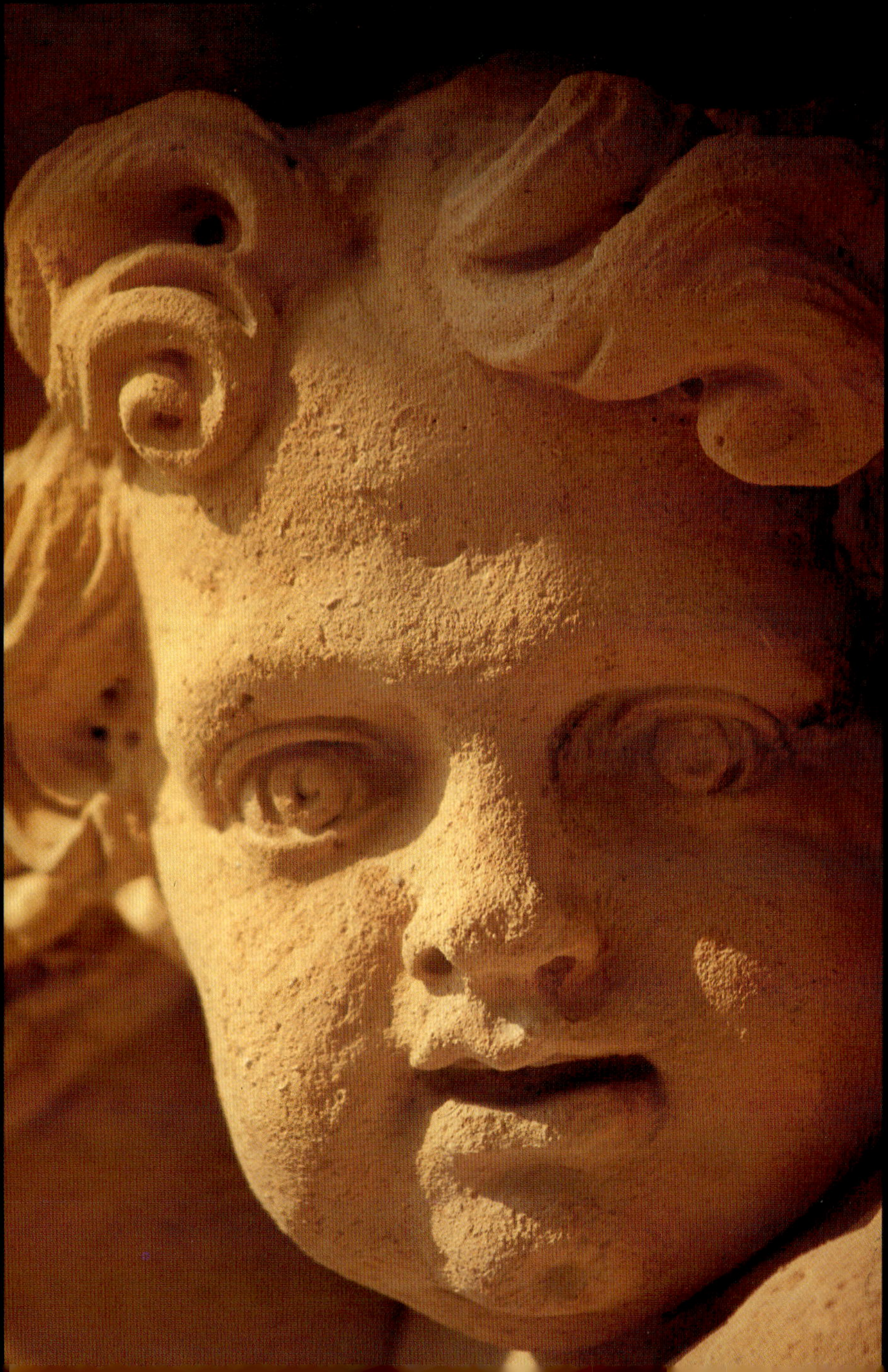

La Pierre

Les Carrières

Jusqu'à des temps très récents, la mise en œuvre de la pierre et l'architecture ne faisaient qu'un. Au Moyen Âge, l'appareilleur, le maître tailleur de pierre était l'architecte, et ses symboles étaient les outils de tracé et de taille. Ne dit-on pas encore aujourd'hui investir « dans la pierre » pour investir dans le bâtiment ? La pierre assure la qualité et la pérennité de l'œuvre architecturale. Ce sont les peuples et les civilisations disposant des plus belles carrières, et les plus aptes à en utiliser les pierres qui nous ont laissé les plus beaux monuments.

Au centre du Bassin parisien, l'Île-de-France est de ce point de vue particulièrement favorisée. Paris lui-même s'élève sur les carrières qui ont permis sa construction, de l'Antiquité au XVIIIe siècle. Clamart, Meudon, Saint-Cloud, Arcueil continuèrent longtemps à alimenter les chantiers avant de fermer définitivement. Les plus belles pierres venaient par l'Oise et la Seine des carrières proches de Chantilly ou même, par l'Yonne, de celles de Bourgogne. Le RÉPERTOIRE DES CARRIÈRES DE PIERRES DE TAILLE EXPLOITÉES EN 1889 montrait que plusieurs milliers de gisements étaient encore ouverts à la fin du XIXe siècle. Chaque canton avait pratiquement le sien, ce qui permettait des nuances d'architectures locales infinies.

À l'atelier des « pierreux », les blocs de pierre livrés par le carrier sont débités mécaniquement, avant d'être pris en main par les tailleurs de pierre.

LE DÔME DES INVALIDES

Sur les colonnes,
les tambours ont éclaté
sous la pression de la
rouille des fers intérieurs.

LA PIERRE

Aujourd'hui, le prix prohibitif des exploitations artisanales et la facilité des transports ont réduit à quelques centaines le nombre des carrières encore accessibles et à quelques dizaines celles qui sont exploitées avec des moyens mécaniques permettant des prix non dissuasifs.

Les devis et marchés datant de la construction du dôme ont été consultés au Service historique de l'armée de terre au château de Vincennes. Les provenances des pierres à utiliser, définies dans ces documents, étaient choisies en fonction de la dureté nécessaire pour chaque emplacement ; les fondations utilisent ainsi la pierre grise de Vaugirard ; les soubassements (jusqu'aux appuis des vitraux), celle d'Arcueil ; les appuis des vitraux sont en pierre de Meudon ; les socles et les fûts des colonnes, en pierre dure de Saint-Cloud, et la base, en liais de Razé ; les parements et les corniches emploient la pierre de Saint-Leu ou Trossy ; enfin la cimaise des corniches celle d'Arcueil.

Toutes ces carrières proches de Paris sont aujourd'hui fermées, sauf celle de Saint-Leu, dans l'Oise, qui nous a donc approvisionnés en matériau pour les parements et les corniches.

Détail des pierres fissurées de la colonne.

Pour les autres parties, la gamme des bancs de Saint-Maximin encore exploités, également dans l'Oise, a permis de choisir les pierres les plus proches, pour l'aspect et la dureté, de celles mises en place au XVIIe siècle. Le choix s'est fait en carrière, par comparaison avec une gamme d'échantillons prélevés sur place, et suivant l'avis des spécialistes du Centre de recherches des monuments historiques. Il ne présenta pas de grosses difficultés.

Les Altérations de la pierre

Les façades du dôme ont été nettoyées il y a plus de trente ans (vers 1960), et à cette occasion quelques petites reprises ont été faites, notamment un essai très satisfaisant de protection des corniches. Mais après la campagne de dorure du dôme et la réfection des vases en pierre au pied de la couverture, l'ensemble des maçonneries extérieures parut vétuste et désaccordé. Les dégradations les plus visibles se situaient aux soubassements des colonnes corinthiennes, à l'étage de la façade d'entrée. Une analyse plus poussée fit apparaître d'autres dommages, imperceptibles pour le public, mais déterminants pour la tenue et la survie des pierres. Le mauvais état des corniches et bandeaux avait pour

Cette rosace de dessous de corniche a perdu la fleur qui décorait son centre. Une fleur neuve sera fixée au moyen de vis en métal inoxydable.

Sous une partie de corniche non étanche, l'eau a pénétré la pierre et fait migrer les sels vers la surface d'évaporation. Ces sels ont détruit la matière elle-même. L'assainissement de la corniche arrêtera cette migration, et la pierre changée sera à l'abri de la destruction.

Quatre-vingt-douze têtes de lions décorent la corniche du tambour. Certaines servent à évacuer l'eau de pluie. Celle-ci est trop érodée pour jouer son rôle.

conséquence de laisser pénétrer l'eau dans les maçonneries, et d'accélérer la dégradation des moulures et décors sous-jacents. Des fissurations multiples donnaient prise au gel et à l'érosion. Elles étaient dues à la rouille des chaînages en fer intégrés à la pierre, le plus souvent dès l'origine, parfois à l'occasion de restaurations anciennes. Le gonflement du fer oxydé a une puissance de pression irrésistible qui fait éclater les pierres.

Comme dans tous les bâtiments du XVIIe siècle, le fer est largement employé dans les maçonneries des Invalides, mais on a rarement l'occasion de le voir apparaître. Nous avons ainsi trouvé des fers au droit des pierres fissurées, soit masqués par du mortier, sous les claveaux des linteaux appareillés, soit sous forme d'ancres ou de tirants traversant les pierres. Les pots à feu du sommet étaient raidis par une tige en fer traversant les trois assises et la flamme terminale. Les chapiteaux et les colonnes étaient également « armés » de barres puissantes et les têtes de chaînages affleuraient en plusieurs points dans les frises des corniches. Nous n'avons pas vérifié, comme nous l'avions fait au Val-de-Grâce à l'aide d'un appareil de détection, le pachomètre, l'existence de cercles et de chaînages dans la maçonnerie des coupoles. Mais il s'en trouve certainement, car c'était une pratique courante et même abusive au XVIIe siècle, qui se poursuivit au XVIIIe. Ceci n'est pas sans donner de graves soucis aux restaurateurs des bâtiments de la place de la Concorde ou du Panthéon, par exemple.

D'Aviler, dans son COURS D'ARCHITECTURE paru en 1691, précise que « comme le fer, enfermé dans la pierre et le mortier, est sujet à se rouiller, on se sert d'une précaution dans les édifices considérables, qui est de l'envelopper de plomb mince, ce qui, à la vérité, le garantit un peu de l'humidité de la pierre mais ne peut cependant empêcher qu'il ne jette la rouille au dehors. » Nous avons constaté cela aux Invalides, en dégageant des barres de fer gainées de plomb et néanmoins attaquées par la rouille. Gainage et pierre avaient éclaté.

En 1771, dans le COURS D'ARCHITECTURE CIVILE de Jacques-François Blondel, Patte met en garde les constructeurs contre les dangers de cet usage et conseille de « s'en servir seulement comme d'un moyen précaire, d'un moyen de surérogation et pour avoir au besoin deux forces pour une. » Dans les voûtes il estime que « les fers ont pour but de résister à la

Nettoyage à l'eau sous pression.

LA PIERRE

Nettoyage par microfine de verre et eau.

première impulsion de la poussée lorsqu'on lâche la voûte au-dessus des cintres et de donner au mortier le temps de durcir ; mais c'est la perfection de la vraie construction qui assure la durée. »

Pour Rondelet, au XIXe siècle, l'usage généralisé du fer dans les voûtes en Italie s'explique par la nécessité d'obvier aux tremblements de terre. L'imitation de l'Italie a donc été une des raisons de l'implantation de cet usage en France. Les deux voûtes formant la double coupole de Saint-Pierre de Rome, l'exemple entre tous, n'étaient-elles pas elles-mêmes cerclées de fers repérés au XIXe siècle ? Les tremblements de terre n'étant pas à craindre à Paris, il n'est donc pas toujours nécessaire de restituer tous les chaînages et ancrages mis en place au XVIIe siècle. Plusieurs traitements des dégâts dus à la rouille sont possibles, que nous avons utilisés aux Invalides selon les différents cas. Lorsque le fer ne peut être supprimé,

Sur le chantier, l'appareilleur discute avec le tailleur de pierre à partir du calepin d'appareil dont les dessins lui serviront à repérer les pierres à changer.

LA PIERRE

À 60 mètres au-dessus du sol, après le refouillement de la corniche, sur le tambour,
350 tonnes de pierre ont été changées.

notamment sous les claveaux de linteaux appareillés, il est mis à nu, brossé, nettoyé de sa rouille et passivé par l'emploi de produits de protection (minium ou Rustol). Lorsqu'il est possible d'adjoindre un enrobage d'au moins 3 centimètres, ceci se fait au ciment, produisant ainsi le « miracle » du ciment armé, qui résulte du fait que le fer ne rouille pas dans le ciment, et que les deux composants ont le même coefficient de dilatation. Lorsque l'on doit changer un fer indispensable à la tenue de la construction, la pièce de rechange est réalisée en matériau inoxydable : acier-inox, bronze, fibre de verre ou résine à haute résistance. C'est ce qui fut fait pour les grands vases posés au bas de la couverture du dôme.

Malgré ces désordres dus au fer, l'ensemble de l'édifice n'était pas menacé de ruine, mais peu à peu des parties se dégradaient de plus en plus rapidement et des éléments structurels commençaient à souffrir. Le décor avait d'autre part subi de violentes agressions d'une nature différente : les agressions humaines perpétrées lors de la Révolution. De nombreuses sculptures avaient été détruites et des ornements bûchés, endommagés ou supprimés. Le bicentenaire de la Révolution offrait l'occasion de réparer ces outrages.

LE DÔME DES INVALIDES

Les bases du grand ordre corinthien, à l'étage de la façade sud, étaient très érodées.
Le refouillement en cours permettra de loger des éléments neufs moulurés sans avoir besoin
d'étayer les fûts des colonnes en bon état.

LES REPRISES DE PIERRES

Le travail de restauration commence par le repérage sur dessin de chaque pierre ou partie de pierre à changer. C'est le travail du « calepineur », que l'architecte dirige sur les échafaudages. Les mesures précises de chaque pierre sont transmises à l'atelier de taille où les morceaux sont prétaillés mécaniquement et numérotés avec précision. Dans le même temps, les pierres altérées sont bûchées pour dégager la place des pierres neuves, en prenant soin de ne pas épaufrer les arêtes des pierres voisines. La pierre neuve est glissée « en tiroir » dans la cavité réservée, grâce à quelques plombs de chasse placés sur le lit de pose. Enfin le joint est « coulé » de façon à remplir tous les vides entre la maçonnerie ancienne et la pierre neuve, et le parement visible est ravalé avec un rabot de même nature que celui qu'utilisaient les compagnons du XVIIe siècle.

L'entreprise met en place et ajuste un élément de tambour de colonne de 300 kilos. La pierre qu'il fallait changer avait éclaté sous la pression du chaînage en fer rouillé placé dans son noyau.

Le joint d'une base de colonne composite restaurée est « coulé » avec un moyen de chantier très simple : une bouteille en plastique découpée. Une cale de bois est visible. Elle sera retirée après coulage du joint.

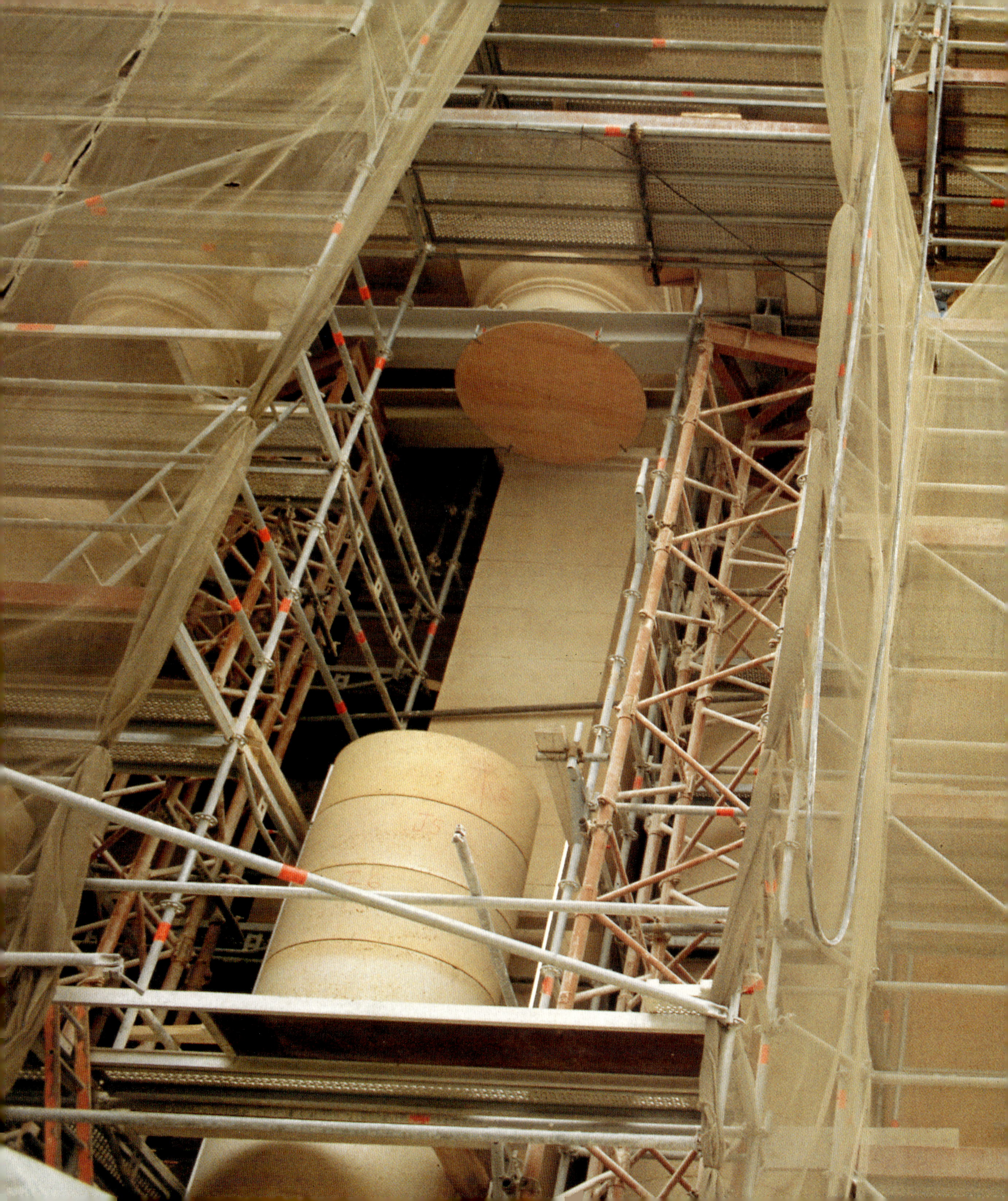

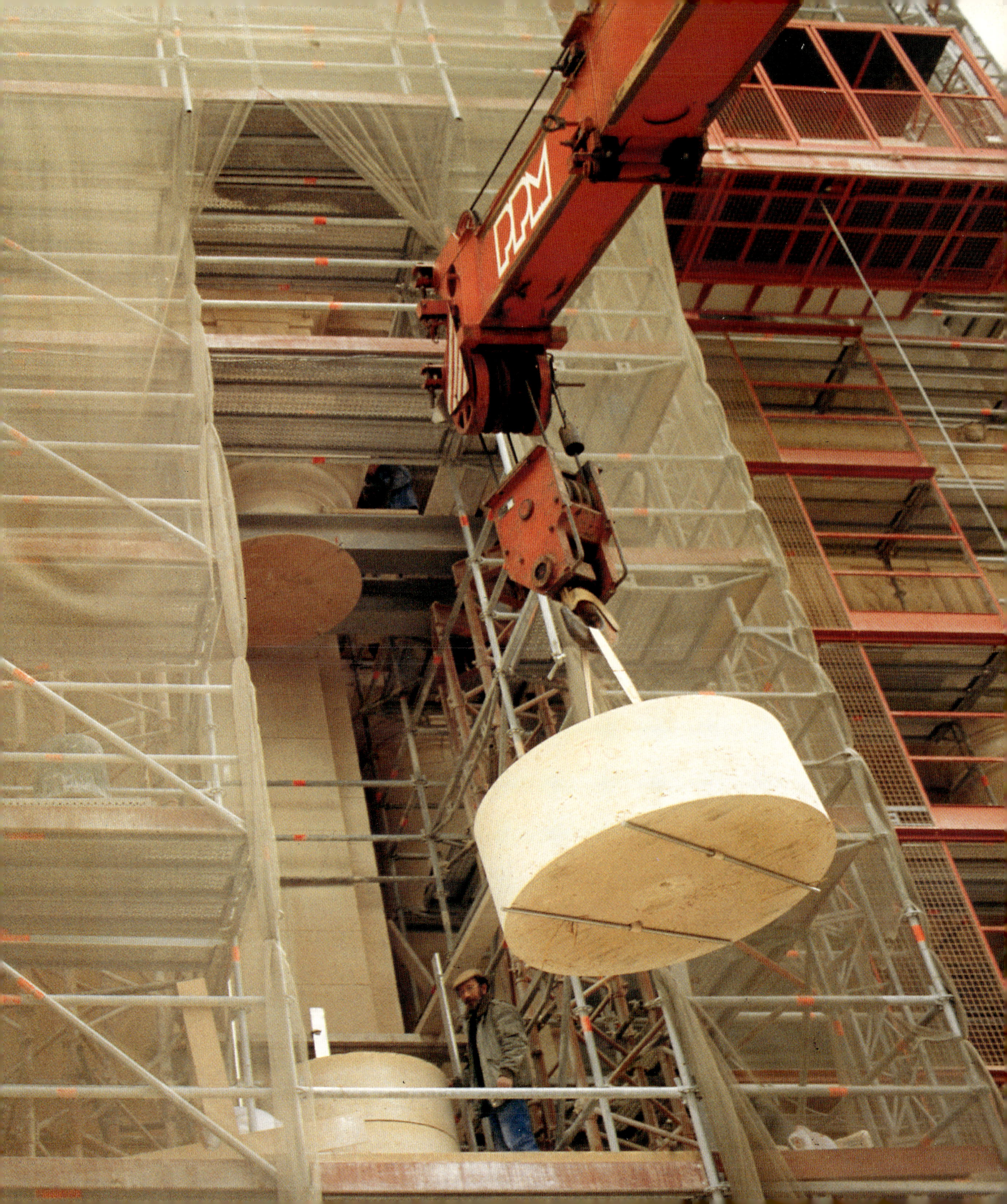
PPM

DOUBLE PAGE PRÉCÉDENTE

Huit fûts de colonnes de l'étage bas de la façade sud furent changés.
De puissants chevalements en tubes renforcés furent installés sous les chapiteaux conservés pour pouvoir supprimer les fûts à remplacer. À droite, l'on voit un tambour en pierre neuve dirigé vers son lit de pose.

Dans un mur en pierre de taille, le travail de restauration n'est pas limité au changement des pierres altérées. On doit également réparer les pierres simplement épaufrées et les joints qui ne sont plus étanches, car il faut éviter toute pénétration d'eau, cause de dégradation accélérée par le gel. Ce traitement des joints est donc particulièrement important et délicat. La qualité de construction d'un édifice en pierre de taille est liée à la perfection des joints. Plus les joints sont fins et discrets, plus l'ensemble est admirable. Les pierres les plus dures, comme le marbre, permettent la perfection absolue que l'on trouve aux Propylées de l'acropole d'Athènes où, deux mille cinq cents ans après la construction, il n'est toujours pas possible de passer une lame de couteau entre deux joints sans mortier. La belle pierre de l'Oise n'autorise pas de telles performances, mais elle permet, si l'appareillage est précis, la taille soignée et la pose bien faite, d'obtenir des joints de 4 à 6 millimètres seulement. C'est ce qui fut fait aux Invalides. Malheureusement le temps dégrade les joints et les restaurateurs ont tendance à refouiller les joints altérés en épaufrant les arêtes des pierres – le nouveau joint est alors plus large que celui d'origine. Une intervention de ce type tous les cent cinquante ans, et les monuments âgés de trois à six siècles finissent défigurés.

C'est ce qui est arrivé à beaucoup d'édifices médiévaux. Pour peu que le nouveau joint soit trop clair ou trop foncé, c'est une catastrophe esthétique. Le mortier qui compose les joints doit donc être de la teinte et de la granulométrie adéquates pour s'harmoniser visuellement au mieux avec la pierre et ne pas tacher ses bords. Il doit également avoir la même porosité que cette pierre, pour ne pas former des barrières étanches entravant les migrations d'eau dans les façades. Ces barrières suscitent des accumulations de sels et entraînent de ce fait des dégradations du parement. L'usage du ciment est donc exclu.

La taille de pierre n'est pas seulement réservée aux hommes. Cette jeune femme manie le ciseau et la massette avec tout le savoir requis.

LE DÔME DES INVALIDES

Bouquets de laurier en cascade sur la face d'un aileron.

Des lauriers qui ne faneront pas.

Pour concilier les impératifs esthétiques et techniques, la méthode suivante a été utilisée sur le chantier : pour assurer un aspect de rejointoiement mince et régulier, les reprises d'éclats de pierre ou d'épaufrures d'arêtes ou de joints élargis (par chance peu nombreux) furent exécutées avec un mortier de chaux du ton de la pierre, dont le dosage et la teinte furent étudiés spécialement en laboratoire. La continuité du parement fut ainsi obtenue. Partout où les joints d'origine étaient suffisamment en état, ils furent conservés. Ailleurs, le mortier composé à l'identique de celui des joints anciens fut mis en œuvre suffisamment à sec pour éviter toute tache de chaux sur les bords de la pierre. Là où les joints trop larges et les épaufrures avaient été rebouchés en mortier-pierre, un joint de 5 millimètres d'épaisseur fut creusé dans ce mortier-pierre et rempli avec le mortier réservé aux joints neufs.

Grâce à l'émulation entre les équipes et au talent des compagnons qui se piquèrent tous au jeu proposé, le résultat est exceptionnel. Les parements de pierre de l'église ont retrouvé la rigueur de tracé et la lumineuse beauté souhaitées par les hommes de l'art du Grand Siècle. Lorsqu'il s'agit de pierres moulurées (corniches, bandeaux, cadres de baies), la pierre neuve est posée « épannelée », c'est-à-dire que ses profils sont simplifiés et réduits à une enveloppe géométrique simple. Le profil définitif (talon, scotie, doucine, quart-de-rond, cavet, etc.) est taillé sur l'échafaudage une fois la pierre posée. La finition est adoucie à la ripe et à la meule, sans laisser pratiquement de traces d'outil.

Cette façon de faire est différente de celle pratiquée au Moyen Âge, qui consistait à réaliser au sol une taille entièrement finie des pierres moulurées ou sculptées, avec des outils à dents (laies ou gradines) laissant leur trace sur les parements. Il n'y a donc pas une taille « Monuments historiques » unique, mais différentes techniques propres aux différentes époques. Lorsqu'il faut changer le claveau d'un arc, l'on doit bien entendu étayer cet arc. S'il faut reprendre un point porteur, la mise en place d'étaiements est également nécessaire, à partir du moment où le

Le geste et l'outil.

LA PIERRE

À 35 mètres de haut, sur la terrasse du premier niveau, le sculpteur dompte ses lions.

refouillement par parties successives met en péril l'équilibre de la construction. Ce fut le cas aux Invalides, en façade sud (la façade sur la place Vauban), où il fut décidé de changer huit des douze colonnes doriques du niveau bas. Les fissures de certains tambours et les reprises en ciment déjà anciennes de parties altérées défiguraient certains fûts. Les exemples de la Chambre des députés et du ministère de la Marine avaient montré l'impossibilité d'obtenir sur des éléments d'architecture aussi importants des reprises satisfaisantes.

De puissants étais métalliques appelés « chevalements » ainsi que leurs appuis au sol et sous l'entablement, furent calculés par des ingénieurs. Ils cantonnèrent les colonnes. Le travail s'effectua en quatre phases. Deux colonnes éloignées l'une de l'autre étaient traitées dans chaque phase afin de ne pas risquer de déséquilibrer l'entablement. La nuance de teinte et « l'éveillage » des pierres neuves furent choisis en carrière avec soin. Les tambours neufs, parfaitement galbés selon la règle classique, furent mis en place à la grue. Le résultat obtenu est tel qu'il est difficile aujourd'hui d'identifier les colonnes neuves et les colonnes conservées, ce qui était le but recherché.

La Restauration des ornements sculptés

Le décor architectural de l'église du dôme est merveilleusement raffiné. Il comprend en premier lieu les chapiteaux de trois grands ordres superposés : dorique et corinthien pour le soubassement carré, composite pour le tambour. Puis les trophées des métopes entre les triglyphes de la frise de l'ordre dorique et les modillons et fleurons sous la grande corniche de l'ordre corinthien. Enfin les motifs purement décoratifs : armes de France sur le grand fronton, envol d'anges en bas-relief à l'étage du corps central, motifs de séraphins au-dessus des fenêtres. Têtes de lions, fleurs de lys, chutes de lauriers et rinceaux divers enrichissent l'ensemble des surfaces en soulignant les lignes architecturales. Lorsqu'une sculpture décorative est dégradée, plusieurs solutions sont envisageables pour sa restauration, en fonction de l'importance et de la nature du mal.

Chaque tête de lion, sortie d'un banc de pierre de Saint-Maximin dans l'Oise, a son caractère singulier.

Si l'altération est légère, peu visible du sol et sans conséquence pour la conservation de l'édifice, il peut s'avérer suffisant de purger les parties malades et de traiter la pierre au moyen de produits hydrofuges ou consolidants pour arrêter les dégâts. Si la dégradation a pour origine un défaut de protection (étanchéité des corniches, mauvais écoulement des eaux pluviales), il faudra y remédier par tous les moyens appropriés. Les petites réparations pourront se faire, suivant les cas, soit au mortier-pierre, soit par la mise en place de « bouchons » en pierre qui seront sculptés sur place. Ces « bouchons » peuvent devenir très importants et prendre la dimension de pierres de taille, comme dans le cas de la reprise d'un chapiteau corinthien à l'étage de l'avant-corps central, où il fallut faire appel à un sculpteur spécialisé de haut niveau.

Il en fut de même pour la restitution du blason aux armes de France du fronton principal, martelé en 1793. Il fallut réintégrer le volume de pierre épannelée nécessaire à la restitution des fleurs de lys, des colliers des ordres de Saint-Michel et du Saint-Esprit bûchés par les révolutionnaires. Certains motifs, en revanche, ne furent pas restitués. Bien que figurant sur des gravures et dans des descriptions anciennes,

LE DÔME DES INVALIDES

Trois étapes de la restauration d'un chapiteau corinthien. Ce travail requiert tout le savoir de l'appareilleur et le talent du sculpteur. Après le refouillement des parties malades, les blocs à réintégrer dans le chapiteau sont taillés au sol. Le savant décor ornemental est sculpté une fois la pierre mise en place.

LA PIERRE

Cette photo est prise au niveau des chapiteaux de la loggia du premier étage de la façade sud.
La forêt de feuillages corinthiens est protégée des pigeons qui y logeaient par un
dispositif discret de piques qui les dissuadent d'y séjourner.

La massette et le taillant n'ont pas changé depuis des siècles.

ils furent estimés connus avec une précision insuffisante pour en tenter une reconstitution jugée hasardeuse. Peut-être de nouvelles découvertes d'archives permettront-elles un jour d'envisager leur restitution.

Les Statues en pierre

Six statues extérieures ont été épargnées par la Révolution et sont demeurées à leur place d'origine dans le carré de la façade sur la place Vauban. Au niveau bas, de chaque côté de la porte d'entrée, figurent les deux seuls souverains du passé auxquels Louis XIV acceptait d'être comparé : Charlemagne et saint Louis. Ces statues, œuvres d'Antoine Coysevox et Nicolas Coustou, sont sculptées dans un beau marbre blanc. À l'abri dans des niches, elles nous sont parvenues en

LA PIERRE

Taillant, gouge, ripe sont entretenus avec soin par les artisans.

assez bon état. Un nettoyage délicatement exécuté leur redonna leur éclat. Il fallut ensuite restituer en marbre les attributs royaux qui avaient disparu : globe et épée de Charlemagne, sceptre de saint Louis, et surtout la couronne d'épines qu'il tenait à la main. Des recherches iconographiques furent exécutées pour en déterminer la forme. Elle fut finalement sculptée dans le marbre à partir d'exemples allant du XVe au XVIIe siècle, selon une permanence de forme surprenante.

Les quatre statues en pierre qui surmontent le premier entablement posaient de plus graves problèmes de restauration. Elles représentent les quatre vertus cardinales soit, de gauche à droite en regardant la façade, la Force, la Justice, la Tempérance et la Prudence. Elles sont dues au talent

Ce chapiteau composite du tambour de la coupole apparaît dans sa pureté classique.

LA PIERRE

Couples de chérubins, modillons et têtes de lions ornent le pourtour du tambour.

des sculpteurs du groupe dirigé par Girardon. Très exposées aux intempéries, elles ont subi une érosion intense et des altérations graves qui annoncent une ruine prochaine.

Le traitement de la sculpture monumentale extérieure très altérée est un problème qui se pose fréquemment en matière de monuments historiques. La doctrine du service doit en l'occurrence s'adapter à des cas très différents. Des exemples célèbres font jurisprudence. À Strasbourg, à Chartres, des chefs-d'œuvre de sculpture furent déposés des portails des cathédrales et mis à l'abri dans leurs « musées de l'Œuvre ». Les originaux furent remplacés par des copies en pierre. L'opération débuta suffisamment tôt pour permettre de présenter dans les musées

LE DÔME DES INVALIDES

Le fronton central apparaît très mutilé depuis la Révolution.

des statues encore lisibles. Leur qualité exceptionnelle n'autorisait pas d'intervenir sur les statues elles-mêmes. Par ailleurs, Michel Bourbon, sculpteur, mettait au point, à Rome, des techniques de moulage à base de poudre de marbre ou de pierre pour opérer des restitutions de statues à la villa Médicis et au palais Farnèse. À l'église Saint-Louis-des-Français, des statues de la façade sorties des ateliers de Michel-Ange furent mises à l'abri dans le palais jouxtant l'église et remplacées par des moulages. Le même artiste réalisa en poudre de marbre les chevaux de Marly de la place de la Concorde ; les originaux qui commençaient à souffrir gravement des attaques du temps sont présentés aujourd'hui au Louvre. Copies en pierre, moulages en « fausse pierre » : deux solutions de remplacement pour les chefs-d'œuvre de premier plan à mettre à l'abri dans des musées.

*Les passions des époques agitées s'estompent.
C'est dans la sérénité que l'art retrouve ses droits.*

Projet de restitution des armes de France.

Le Plaisir de sculpter

Les chantiers de restauration sont toujours singuliers ; celui du dôme tout particulièrement, pour nous qui avons eu la charge de restaurer les sculptures et ornements des façades.

Énumérer les spécificités de ce chantier n'est pas indispensable ici, puisque celles-ci se trouvent décrites dans le livre ; mais ce que nous seuls pouvons évoquer, c'est le plaisir que nous avons éprouvé.

Il faut un climat et des relations saines pour que le plaisir naisse du travail. Pour nous, c'est cela qui fut le plus remarquable, puisque par un dialogue réel et des conversations fructueuses avec la maîtrise d'œuvre et les autres intervenants, nous ne sommes pas restés confinés dans le rôle de simples exécutants.

La durée et le volume des travaux nous ont permis d'utiliser notre savoir-faire et nos compétences avec une grande autonomie ; la connivence avec nos prédécesseurs et la mémoire des ouvrages anciens, d'assumer notre responsabilité avec une extrême liberté. C'est de là justement qu'est venue la plus grande part de plaisir : pouvoir utiliser le large éventail de notre savoir-faire, aussi bien par notre pratique manuelle que par l'élaboration de solutions techniques parfois inattendues mais toujours respectueuses des règles de notre métier...

Pouvoir tailler du début à la fin un chapiteau corinthien, le poser et trouver l'appareillage susceptible d'assurer la bonne tenue de l'ouvrage, remplacer une main ou une jambe depuis longtemps disparue en respectant et en s'imprégnant de la sculpture originale, restituer des ornements ou des statues, cela engendre une grande jubilation lorsque, une fois l'ouvrage fini, l'on constate que ces éléments font partie intégrante du monument sans le dénaturer... Ce fut cela notre plaisir et il en reste peut-être des traces sur certaines pierres du dôme.

Jules Redlinski

LA PIERRE

Il aura fallu plus de quatre cents heures pour restituer le grand blason aux armes de France :
fleurs de lys, colliers des ordres du Saint-Esprit et de Saint-Michel, manteau d'hermine et sceptre ont
été minutieusement resculptés.

Dans l'animation du chantier, le sculpteur dialogue seul avec son œuvre.

Il existe une autre catégorie de sculptures à laquelle appartiennent nos Vertus des Invalides : celle des œuvres d'école, certes de qualité, mais qui n'auraient pas leur place dans un musée, surtout si elles sont gravement altérées. Leur dépose voudrait dire au mieux une mort lente dans un dépôt ou une cave, au pire une mise à la décharge. La solution consiste alors à les consolider et les réparer IN SITU.

Michel Bourbon sauva ainsi de façon magistrale, sans les déplacer, trois groupes de chevaux très ruinés qui se trouvent aux angles de la cour d'honneur de l'hôtel des Invalides (le quatrième groupe avait fait l'objet, vingt ans auparavant, d'une copie en pierre de l'original dont les débris ont disparu). Il fut demandé à ce même sculpteur de traiter les quatre Vertus de la façade du dôme. Après nettoyage, purge des parties pulvérulentes et consolidation par traitement chimique des parties en cours d'altération, la restauration se fit selon deux techniques. Les parties manquantes importantes telles que mains, avant-bras ou attributs (et tout particulièrement le serpent et le miroir de la Prudence) furent refaites en pierre et fixées par goujons inoxydables et collés au corps de la statue. Les parties où l'érosion avait par trop défiguré l'œuvre furent reprises au mortier fait de poudre de pierre et de résine, dont l'aspect et l'adhérence avaient été testés. Il s'agit essentiellement de plis de vêtements et d'éléments de coiffure. Deux visages même durent être remodelés, leur défiguration par le temps étant trop visible du sol. Malgré l'érosion, d'autres parties restées lisibles étaient maintenues en état. Au total, les œuvres originales furent maintenues en place et simplement remises en accord d'une façon discrète et efficace avec l'architecture restaurée.

Une fleur de lys restituée à partir de documents anciens sur la frise de l'entablement du socle de l'église.

Réparation
de l'outrage des ans.

LA PIERRE

La pureté classique
de cette Vertu,
la Tempérance,
n'exclut pas
l'expression de
la vie.

LE DÔME DES INVALIDES

Avant travaux.

LA PIERRE

Après travaux.
Éclat du nettoyage,
discrétion du
rejointoiement et
des reprises
de pierre :
le monument est
transfiguré.

DOUBLE PAGE SUIVANTE

Triomphe de la symétrie
et puissance des rythmes.

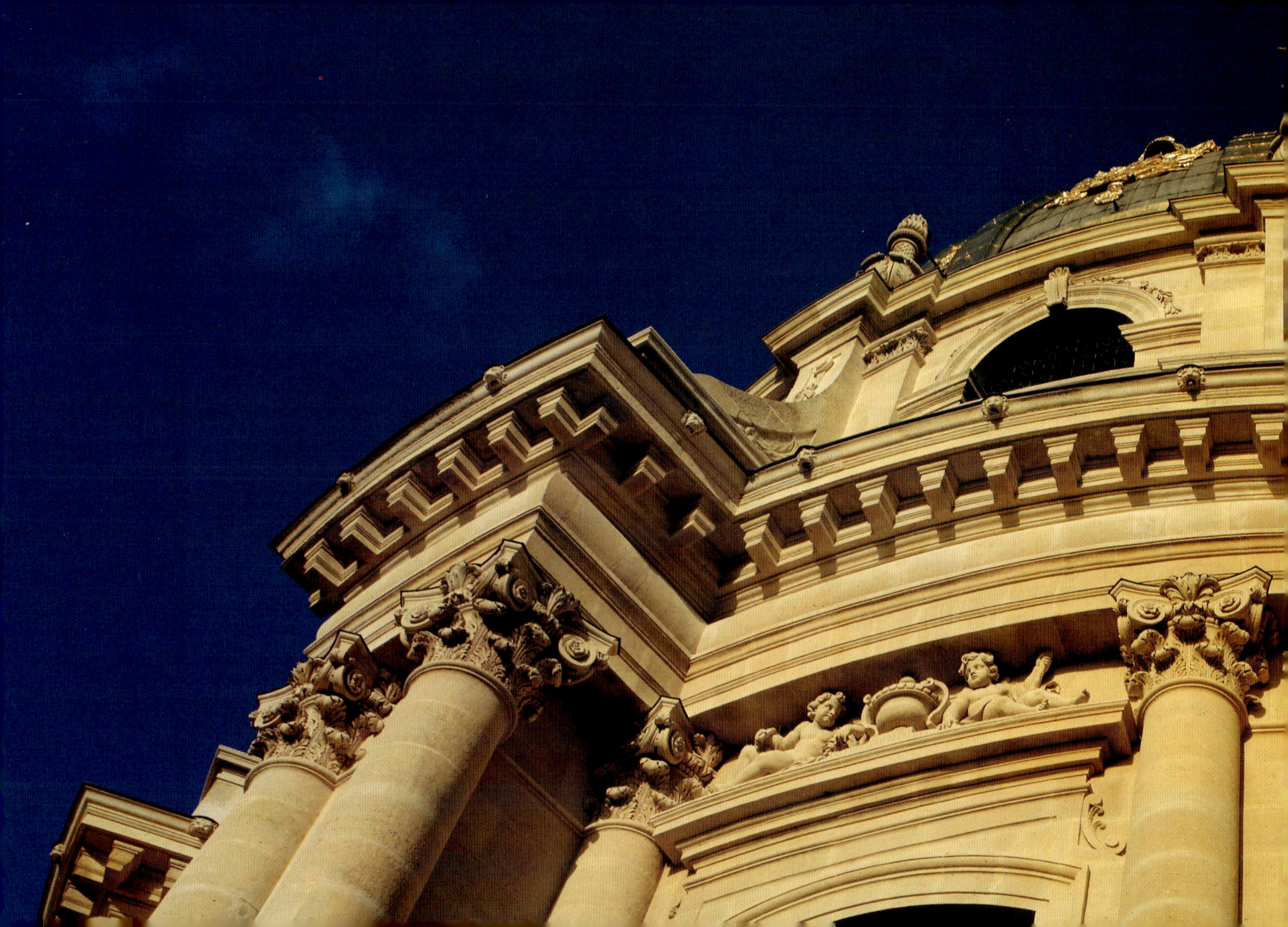

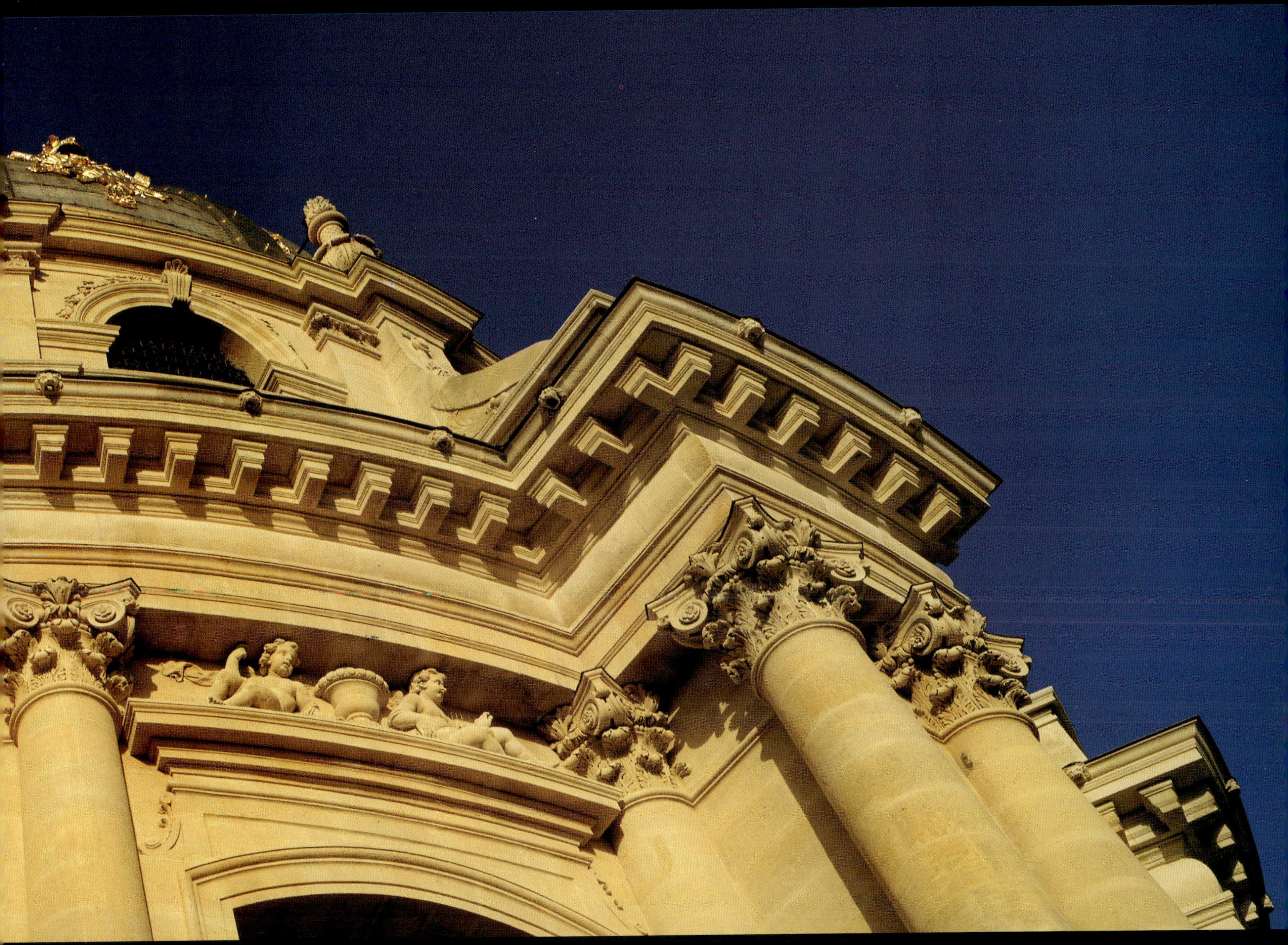

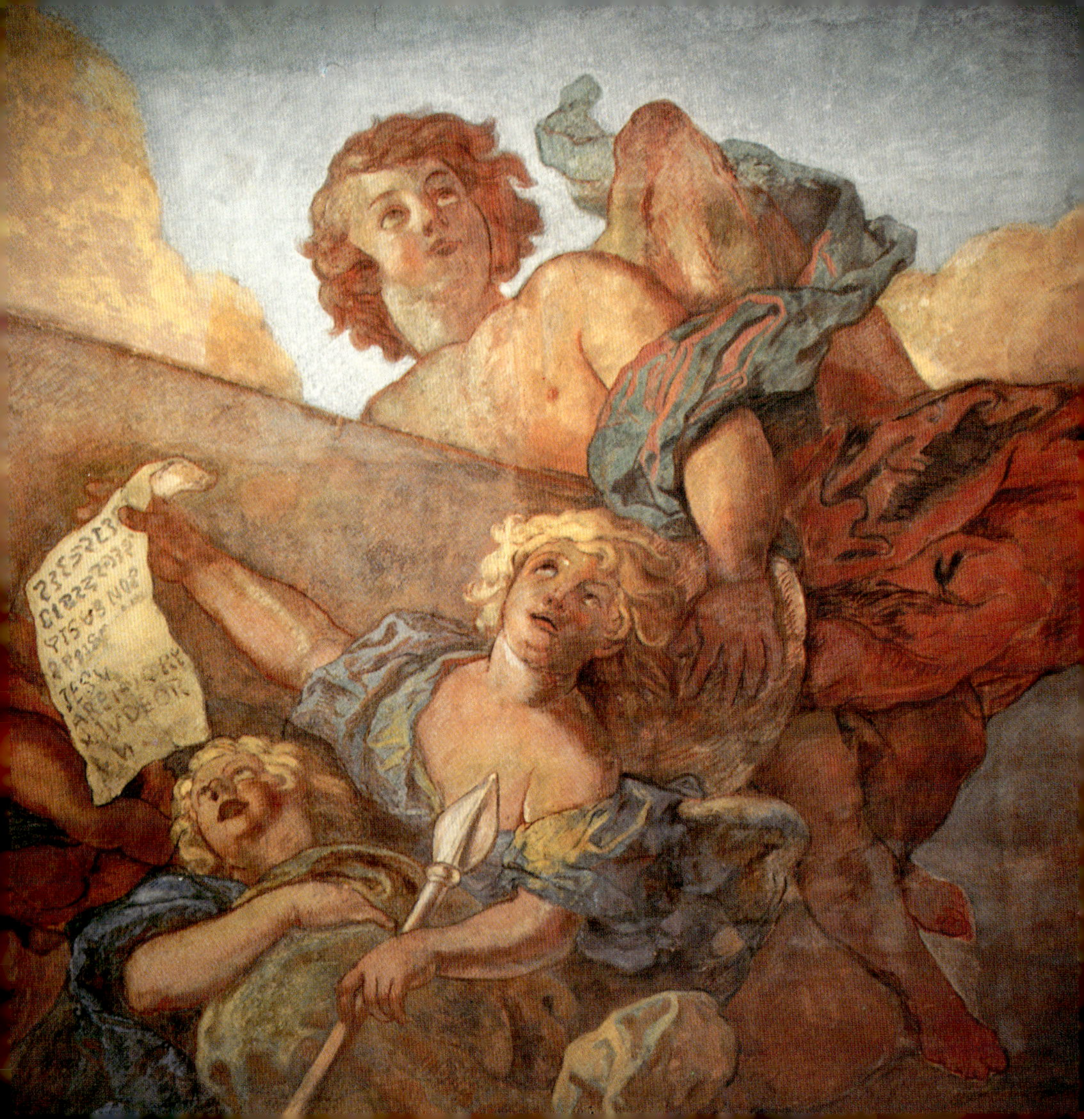

LES PEINTURES

Les travaux de restauration des peintures ont porté sur la partie centrale de l'église : les quatre pendentifs, la calotte hémisphérique divisée en douze quartiers et percée d'un vaste oculus, et enfin la coupole terminale formant ciel au-dessus de l'oculus. Ces travaux ont été précédés d'études historiques et d'observations à l'œil nu, puis d'essais IN SITU et d'analyses techniques approfondies.

Les Textes anciens

Les recherches effectuées aux Archives historiques de Vincennes par Claude Souviron, les travaux de Patrick Reuterswärd, d'Antoine Schnapper, René Baillargeat et Bertrand Jestaz ainsi que nos propres recherches aux Archives nationales ont permis d'établir la genèse du décor. La première mention d'un décor apparaît en 1677 ; il s'agit d'un modèle peint par Charles de La Fosse et incorporé à la maquette en bois présentée au roi, aujourd'hui disparue.

L'affaire sommeille, et en 1690 un projet est demandé à Pierre Mignard, qui succède à Charles Le Brun comme premier peintre du roi (les dessins en sont conservés au Louvre). Mignard meurt en 1695 et il survient un changement de programme. Les projets de décoration peinte sont abandonnés au profit d'un décor sculpté qui voit un début de réalisation. L'équipe de sculpteurs dirigée par Girardon exécute douze anges dans les quartiers de la première coupole, et commande est passée pour sculpter, comme au Val-de-Grâce, les quatre évangélistes des pendentifs. Mais en 1702 la situation se retourne : les successeurs de Girardon, Coysevox et Coustou, estiment la sculpture inadaptée et font détruire les anges de la coupole. Les peintres l'emportent. La Fosse, devenu premier peintre du roi, revient sur la scène et réalise à partir de 1703 la calotte et les pendentifs. Jean Jouvenet peint les douze apôtres dans les caissons de la première coupole. Les peintures sont achevées pour la « remise des clefs » de l'église du dôme le 26 août 1706.

On retrouve l'ensemble du décor peint (calotte, pendentifs et apôtres) dans l'album des dessins faits par Cochin pour être gravés – figurant dans le livre de l'abbé Pérau sur les Invalides –, qui existe toujours.

LES PEINTURES

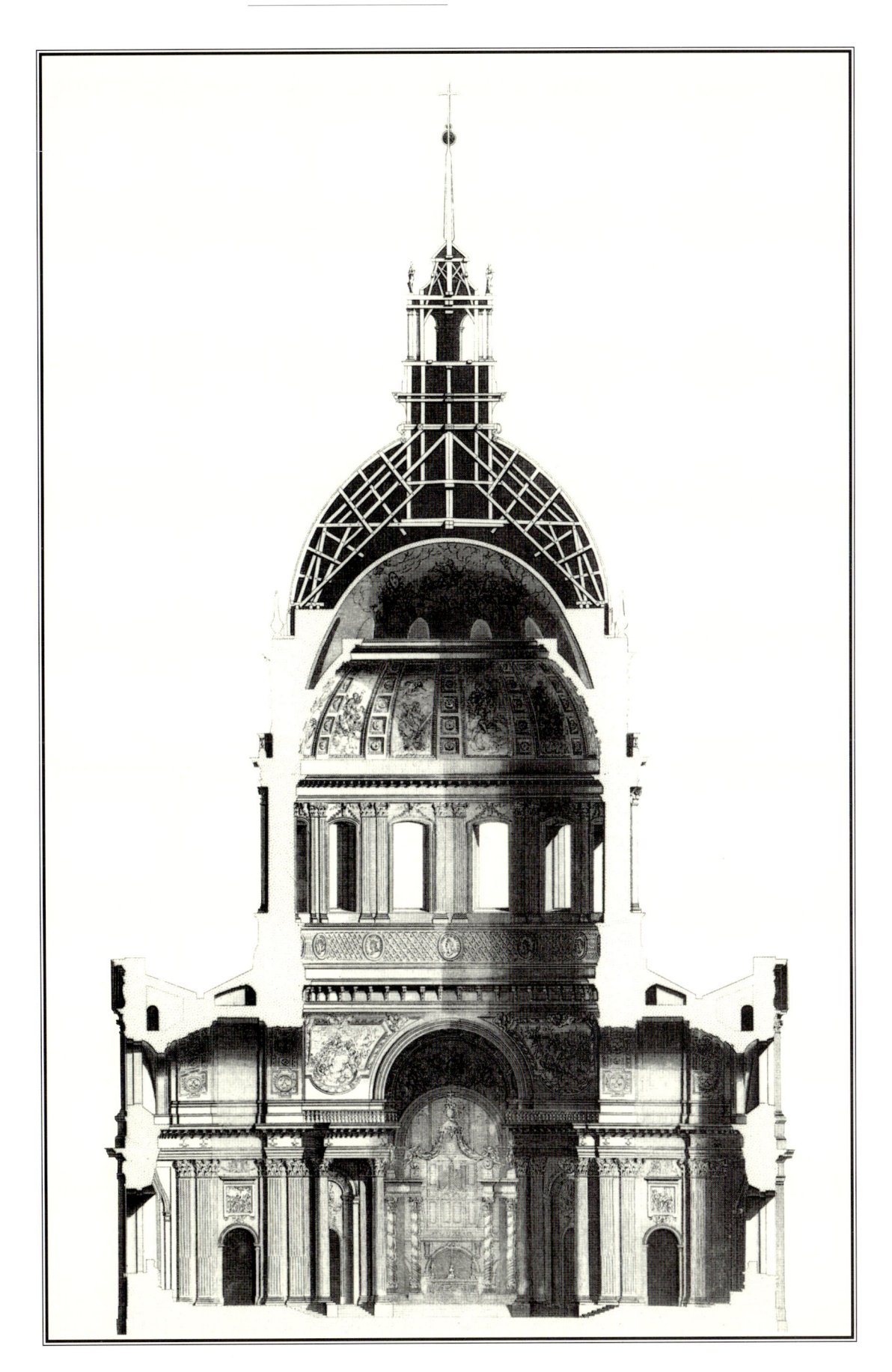

Cette coupe fait apparaître les trois structures superposées : la rotonde des apôtres avec son oculus ; la coupole avec son ciel où triomphe saint Louis ; le dôme en charpente qui reçoit la couverture en plomb doré.

Pour la calotte, peinte par Charles de La Fosse, il existe en outre deux esquisses à l'huile ; l'une est conservée au musée des Arts décoratifs à Paris ; l'autre orne le bureau du directeur du musée de l'Armée. La scène montre Saint Louis, revêtu d'un manteau bleu semé de fleurs de lys d'or, présentant son épée à la Vierge entourée d'anges portant les instruments de la Passion. Le Christ ressuscité appuyé sur la croix domine la composition. Sur la partie opposée de la sphère, moins visible des visiteurs, un concert d'anges avec harpe, luth, orgue et violons complète l'ensemble. Il est à noter que la gravure publiée dans le livre de l'abbé Pérau étant tirée à l'envers, les personnages sont devenus gauchers.

Les « panaches » (ou pendentifs) également de Charles de La Fosse représentent les quatre évangélistes avec leurs attributs traditionnels. Leur aspect actuel est conforme aux descriptions de Félibien et aux dessins de Cochin. Des esquisses, peintes à l'huile par La Fosse, sont conservées au musée des Arts décoratifs. Les apôtres des quartiers de la première coupole ont été peints par Jouvenet en conformité avec les dessins et gravures énumérés ci-dessus. Onze esquisses à l'huile sont conservées au musée de Rouen et deux autres, SAINT SIMON et SAINT BARTHÉLEMY, au musée de Grenoble.

La technique de Charles de La Fosse, et plus généralement celle des peintres décorateurs à Paris aux XVIIe et XVIIIe siècles, a fait l'objet de nombreuses critiques. Le terme de « fresque »[1] est employé au XVIIIe siècle par d'Argenville dans son VOYAGE PITTORESQUE DE PARIS pour le travail de La Fosse et, sur une estampe de Scottin (1711), il est indiqué en légende que le dôme et les pendentifs sont peints « à la fresque » par le sieur de La Fosse et que le décor des lunettes dorées des fenêtres du chœur est également peint « à la fresque » par les sieurs Boulogne[2]. En 1665, pour la coupole du Val-de-Grâce, Pierre Mignard avait voulu rivaliser avec les Italiens. Mais dès son achèvement, cette fresque légendaire était considérée comme un échec technique[3]. Sa restauration en 1986-1987 a bien montré le travail par « journées », les traces préparatoires dans le mortier

Pour les notes de ce chapitre, se reporter p. 170.

Vue d'ensemble
des trois registres
de peintures :
les pendentifs,
la coupole des
apôtres et le ciel.

LE DÔME DES INVALIDES

À partir des gravures de Cochin,
l'ensemble des décors peints a été regroupé pour cette projection éclatée.

LES PEINTURES

frais et un important travail A FRESCO, mais elle a montré également un travail non moins important A SECCO (colle, pastel, sanguine) ; on dit aujourd'hui qu'il s'agit de « demi-fresque » (MEZZO FRESCO). Aux Invalides, les marchés de Charles de La Fosse font bien mention de « fresques », mais on ne doit pas oublier que La Fosse était élève de Charles Le Brun qui n'est pas réputé pour sa bonne maîtrise de cette technique. On sait aussi que Roger de Piles, ami de La Fosse, lui conseilla de peindre sur un INTONACO rugueux et d'obtenir une finition à sec, en fonction de l'effet recherché[4]. Jouvenet, également élève de Le Brun, a surtout peint à l'huile et devait travailler de la même façon que La Fosse, avec une technique de « demi-fresque ». La technique utilisée aux Invalides restera exceptionnelle en France. Dès le chantier suivant, celui de la chapelle Royale du palais de Versailles, Charles de La Fosse qui avait pourtant prévu ses modèles pour peindre les voûtes à fresque, revint, en collaboration avec Antoine Coypel et Jouvenet, au travail à l'huile qu'ils maîtrisaient mieux.

Maquette peinte à l'huile par Charles de La Fosse pour le « ciel » apparaissant à travers l'oculus de la coupole des apôtres, conservée au musée de l'Armée.

Au XIXe siècle, dès 1817, Louis Lafitte (1770-1828) fit une proposition pour une restauration simple consistant en retouches sur les parties éteintes et raccords des parties à couvrir de la nouvelle maçonnerie, en faisant valoir « qu'avant la Révolution [...] la restauration des peintures du dôme n'était confiée qu'à des hommes dignes d'associer leur pinceau à celui des grands peintres du règne de Louis XIV. » Mais nous ne savons rien des restaurations du XVIIIe siècle signalées par Lafitte. Si elles ont eu lieu elles furent peintes A SECCO car elles ne se différencient pas du travail d'origine. En tout état de cause, cent ans après leur exécution, les peintures du dôme présentaient des dégradations jusqu'à l'enduit qu'il fallait refaire par endroits, et le problème se posait dans les mêmes termes

Pendentif peint par Charles de La Fosse dans un style monumental.

qu'aujourd'hui : supprimer le travail A SECCO ou le prendre en compte dans la restauration. C'est ce que fit sagement Lafitte.

Une restauration plus importante fut entreprise à partir de 1850, à l'occasion des travaux d'aménagement du tombeau de Napoléon. Elle fut confiée à Théodore Lejeune (1817-1868), restaurateur des musées impériaux. Les devis, soumissions et factures de Théodore Lejeune sont conservés aux Archives nationales[5]. Lejeune procéda à un nettoyage au moyen « d'agents chimiques » dont la nature n'est pas précisée. En revanche, il signale que le refixage se fit avec des silicates dont on trouve la trace dans les analyses récentes. Les parties rongées par l'humidité et totalement usées furent reprises entièrement jusqu'à l'enduit. Il s'agit d'une partie du ciel, du grand groupe d'archanges, du Christ et de

LES PEINTURES

Chirurgie « esthétique » pour fixer la peinture pulvérulente grâce au papier japon imbibé de paraloïde.

l'ange qui porte la croix. Pour les douze apôtres, les parties inférieures et une partie des ciels ont été refaites.

Les textes et témoignages analysés montrent que les peintres décorateurs du Grand Siècle étaient fascinés par les compositions qu'ils avaient admirées à Rome, où le pur métier de fresquiste, éblouissant depuis le Quattrocento, se maintenait au XVIIe siècle dans toute sa splendeur sous la main des Carrache, du Dominiquin, de Pierre de Cortone et de dizaines d'autres praticiens irréprochables. Ces textes montrent également qu'au Val-de-Grâce, aux Invalides et ailleurs, on avait néanmoins abondamment recours au travail A SECCO. Que le travail de Michel Corneille aux Invalides n'ait pas duré plus de cinquante ans, que Carle Van Loo ait proposé de travailler à l'encaustique et que Charles de La Fosse lui-même ait renoncé à peindre à fresque le décor de la chapelle Royale de Versailles sont autant de preuves de cette incapacité à maîtriser et à adapter aux habitudes et au climat parisiens une technique typiquement italienne.

Enfin les témoignages de Lafitte et de Lejeune, qui se trouvèrent devant des peintures où le travail A SECCO était largement présent, confirment l'impression ressentie sur place, qu'une grande partie du travail A SECCO

LES PEINTURES

À GAUCHE ET CI-DESSUS

La peinture est visible du sol, 80 mètres plus bas. La largeur du dessin du modelé
et du cernage au trait bistre est fonction de cette distance. Le travail à sec est devenu
pulvérulent et se détache par parties.

153

actuellement visible est bien de la main des peintres de Louis XIV. Les restaurateurs du XIXe siècle n'ont entièrement repeint que des parties limitées et précisément définies. Il faut admettre que le terme de « fresque » était, dès le XVIIe siècle, souvent employé – comme c'est fréquemment le cas aujourd'hui – pour désigner une peinture murale, quelle que soit la technique réelle d'exécution.

Les Essais in situ

Parallèlement au travail d'archives, une série d'essais de restauration et d'analyses de laboratoire furent menés qui, disons-le tout de suite, confirmèrent la conclusion consécutive à l'examen des textes anciens. Ces essais portèrent sur le pendentif de saint Marc, sur deux éléments choisis dans la coupole terminale, et deux autres pris parmi les apôtres de Jouvenet.

Le Pendentif de saint Marc

Dès 1987, les stagiaires de l'Institut français de restauration des œuvres d'art (IFROA), sous le contrôle de Christian Prevost Marcilhacy et moi-même, commencèrent les travaux de restauration du pendentif de saint Marc, dirigés par leur professeur qui les termina en 1988. Les documents d'archives n'avaient pas encore été tous consultés et l'on estimait possible que Lejeune ait entièrement supprimé le travail A SECCO de ses prédécesseurs et que le travail visible à la colle fût entièrement son œuvre. Nous avons donc demandé que soient dégagées largement sur le pendentif de saint Marc les parties pulvérulentes du travail à sec existant. Ce dégagement fut exécuté avec grand soin. Le résultat montra le caractère ténu des parties entièrement peintes à fresque remises au jour et il fallut demander au restaurateur un travail de remodelage des aplats. Ce travail, exécuté avec talent à l'aquarelle, a donné satisfaction sur le plan esthétique. Il a constitué une expérience en vraie grandeur, et d'un réel intérêt ; il a permis à l'ingénieur chimiste au service de l'IFROA de faire les observations, les prélèvements et les analyses de laboratoire que nous allons maintenant exposer.

LES PEINTURES

Le style coloré de Charles de La Fosse annonce la peinture du XVIIIe siècle.

DOUBLE PAGE
SUIVANTE

Le chantier s'active
dans le monde irréel
et gigantesque
créé par le peintre
Charles de La Fosse.

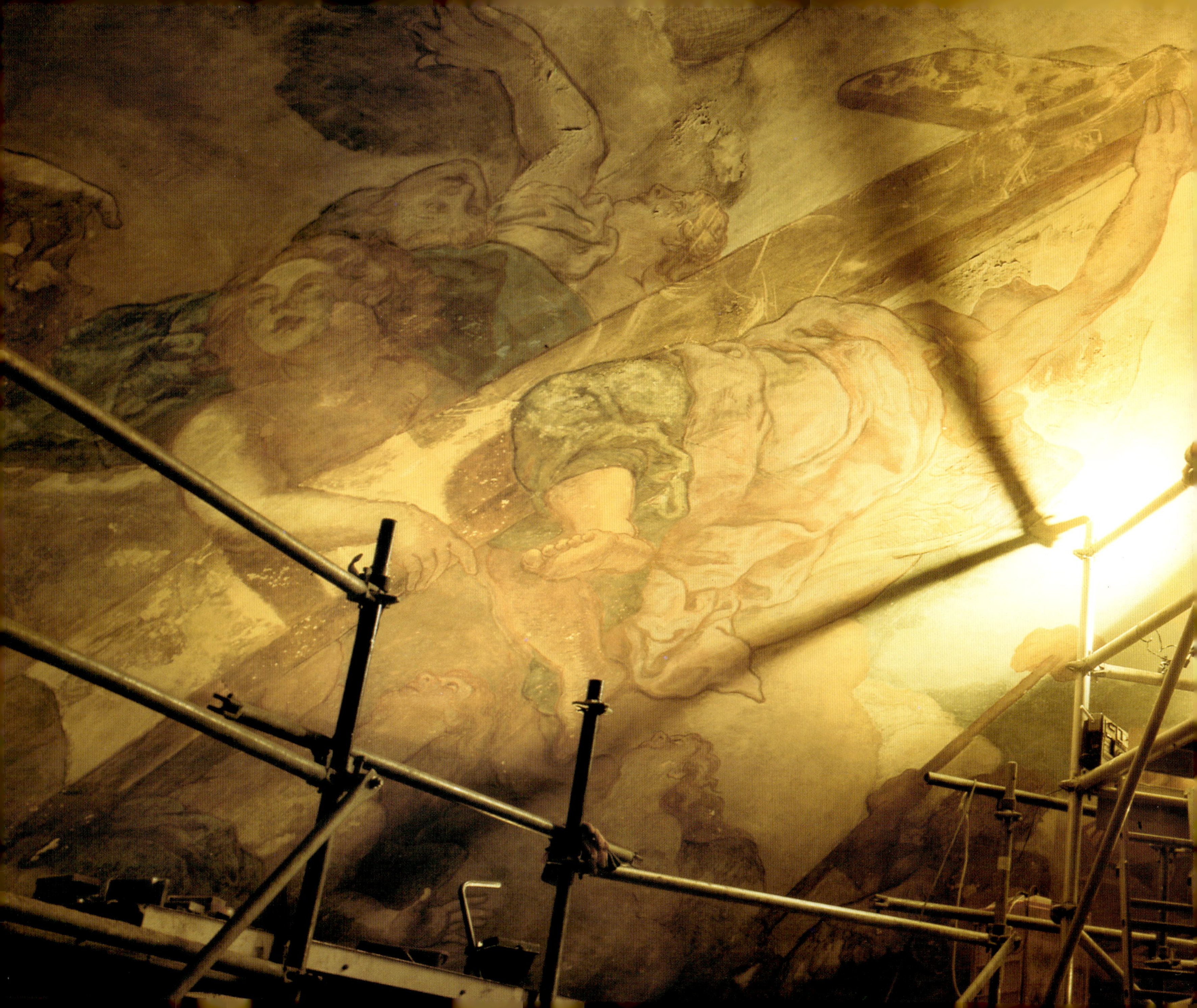

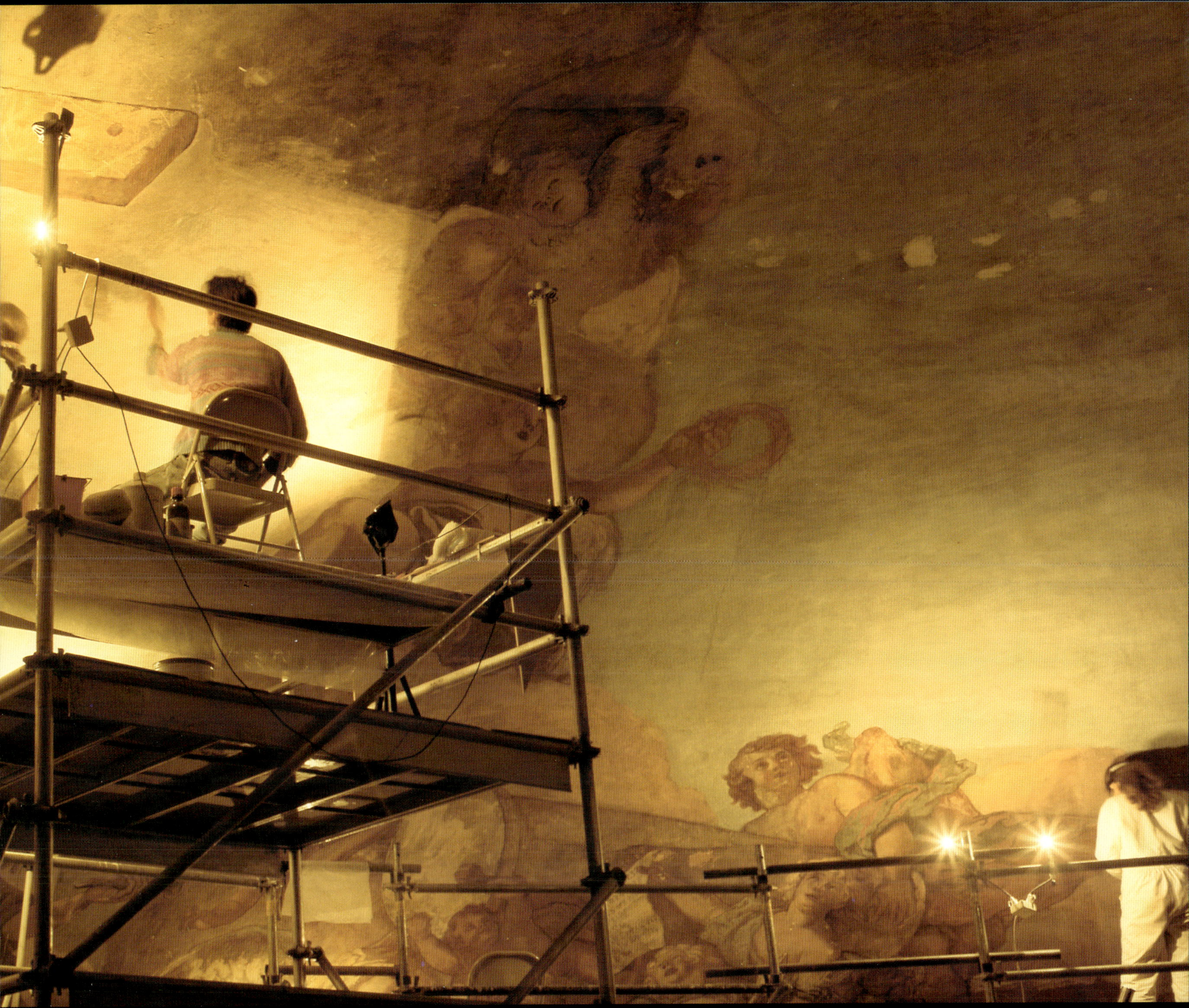

Détail d'une envolée d'anges dans le ciel de La Fosse.

LES PEINTURES

Les observations sur place furent les suivantes : l'état de surface est carbonaté avec lacunes, écailles, plissements et petits cratères révélant la présence d'une colle ; en profondeur la matière est pulvérulente ; les analyses aux rayons X montrent une accumulation de sulfate et un peu de calcite sous la couche peinte à sec.

L'enduit de chaux et sable est soigneusement lissé, carbonaté en surface[6]. On observe des traits de gravure dans l'enduit et des joints de « journées ». Ces joints de « journées » et ces tracés gravés dans l'enduit frais sont la preuve d'un travail de départ à fresque. Cinquante-deux « journées » ou surfaces d'enduit indépendantes ont été relevées sur le pendentif.

Les tracés préparatoires les plus lisibles sont les incisions à travers un papier laissant dans l'enduit frais un même sillon arrondi. Elles mettent en place l'essentiel des figures et draperies[7]. Les reprises du dessin – rehauts, ombres et lumières par jeu de hachures, repentirs – prouvent que La Fosse a modifié lui-même certains éléments (mains, barbe), allant jusqu'à reprendre des parties d'enduits, puisque les tracés initiaux se retrouvent sur des surfaces de « journées » adjacentes. Des reprises à sec apparaissent en surimpression sur la couronne, des jambes d'ange et de grandes surfaces (ailes, drapés, visages, chevelures).

Des prélèvements furent exécutés et analysés suivant différentes méthodes : poudres broyées et analysées au diffractomètre ; microsonde électronique de Castaing pour définir les pigments ; examens stratigraphiques au microscope montrant les couches successives de peinture ; méthode chromatographique pour retrouver la nature des liants ; méthode spectrophotométrique. Ces analyses ont permis de préciser la nature des pigments et des colles, qui sont tous des produits utilisés au XVIIIe comme au XIXe siècle.

Cette restauration du pendentif de saint Marc a confirmé ce que nous apprenaient les textes anciens analysés : un premier travail à la fresque a bien été mené. Le modelé lui-même a été exécuté à sec, sans doute par La Fosse. Par ailleurs, l'intervention des restaurateurs (Lafitte puis Lejeune), très intégrée au travail d'origine, n'a pas pu être mieux identifiée par les analyses de laboratoire que par nos observations. Les restaurateurs ont donc disposé d'une peinture suffisamment en état pour en conserver le caractère. Ils ont utilisé des techniques A SECCO proches de celles des créateurs. Après le travail sur le pendentif, l'échafaudage de la double coupole fut mis en place dès le début de l'année 1989. Il fut alors possible d'analyser ces deux coupoles.

La Calotte terminale

Le décor de la calotte terminale, au-dessus de l'oculus, était très encrassé par les dépôts de poussières qui se produisaient au sommet de l'édifice. Des zones entières, notamment dans le ciel et les nuages, étaient désaccordées par des infiltrations d'eau anciennes. Malgré cet encrassement qui avait éteint les coloris et ces altérations qui nuisaient à la lecture d'ensemble, l'œuvre restait saisissante. L'on sentait que les empâtements, bien que pulvérulents, étaient généreux et très formés. Une écriture puissante, tracée soit en noir, soit en sanguine, assurait à l'ensemble une tenue générale et une vigueur où passait le souffle du Grand Siècle. Il faut l'avouer, sous cet encrassement, le travail des restaurateurs du passé ne

La main du restaurateur à côté de la main peinte par Jouvenet donne l'échelle des apôtres.

LES PEINTURES

La transparence des compresses en papier japon rend provisoirement éthéré cet ange pourtant bien charnel.

paraissait pas évident. Un premier restaurateur fut chargé de dégager une tête d'ange du travail à la colle, afin de voir si le travail à la fresque était plus important sur la calotte que sur le pendentif de saint Marc. Il se révéla bien plus faible, quasi inexistant. Seul un soupçon de coloration apparaissait, sans modelé. La réintégration nécessaire se révéla trop importante et malgré le talent du restaurateur, un tel travail ne pouvait être généralisé. On demanda parallèlement à un second restaurateur de réaliser un essai sur un autre ange dans ce même ciel de Charles de La Fosse. Cet essai fut conduit avec l'idée – qui commençait à s'imposer –, que la couche picturale visible aujourd'hui était très largement d'origine. Les premières observations confirmèrent la fragilité de la couche peinte. Les essais furent réalisés par une opération de nettoyage et de fixage intimement combinés au moyen de deux techniques : l'action physique d'un solvant, l'action mécanique du tamponnement sur un papier japon absorbant évitant l'abrasion[8]. Ces travaux de consolidation, nettoyage et fixage de la peinture existante, donnèrent un résultat très spectaculaire, en mettant en valeur la large écriture et la brillante coloration caractéristiques du style de Charles de La Fosse qui, à l'aube du XVIIIe siècle, réagit contre l'académisme bistré des œuvres de la fin de la vie de Le Brun et renoue avec l'éclatante tradition rubénienne. La possibilité de sauvegarde intégrale du plafond était démontrée. Le sort réservé aux diverses mutilations et retouches devait faire l'objet d'un débat critique en cours de chantier avec les responsables. L'Inspection des monuments historiques, assistée de spécialistes, conservateurs ou historiens d'art, déciderait des éventuelles suppressions et réintégrations dans le but de conserver le plus possible à l'œuvre son intégrité et son unité.

Cette piqûre permet de consolider l'enduit.

LES DOUZE APÔTRES DE JOUVENET

Les peintures de Jouvenet représentant les apôtres dans les quartiers de la voûte à oculus restaient à analyser. Elles avaient subi de graves altérations dues à des infiltrations d'eaux pluviales chaque fois que les couvertures s'étaient trouvées en mauvais état par le passé. Les

LES PEINTURES

Restauratrice au travail.

dernières infiltrations qui ont altéré gravement les parties basses des peintures ont eu pour origine la mauvaise étanchéité du passage circulaire, dallé en pierre, derrière la balustrade séparant les deux étages du tambour du dôme. Ce passage, entièrement recouvert en plomb en 1985 et 1986, est aujourd'hui étanche, et les maçonneries gorgées d'humidité sont en voie d'assèchement. Des accidents de même nature avaient abîmé les parties hautes et les têtes des apôtres avant la mise en place, au début du XIXe siècle, de la sous-toiture en zinc sous la charpente. Les devis retrouvés aux Archives nationales montrent que Lejeune dut détruire les parties les plus dégradées, refaire des enduits neufs et repeindre des parties entières ; l'impression d'ensemble des apôtres est loin de valoir celle de la coupole de Charles de La Fosse.

Comme pour la coupole terminale de La Fosse, deux essais de restauration furent conduits selon les deux principes différents déjà adoptés. Le premier restaurateur dégagea une tête d'ange, derrière un apôtre, de sa peinture à sec. Le résultat fut le même que pour l'ange de la coupole de La Fosse : insuffisance du travail initial à fresque et nécessité d'une réintégration risquant de dénaturer le caractère de l'œuvre.

LES PEINTURES

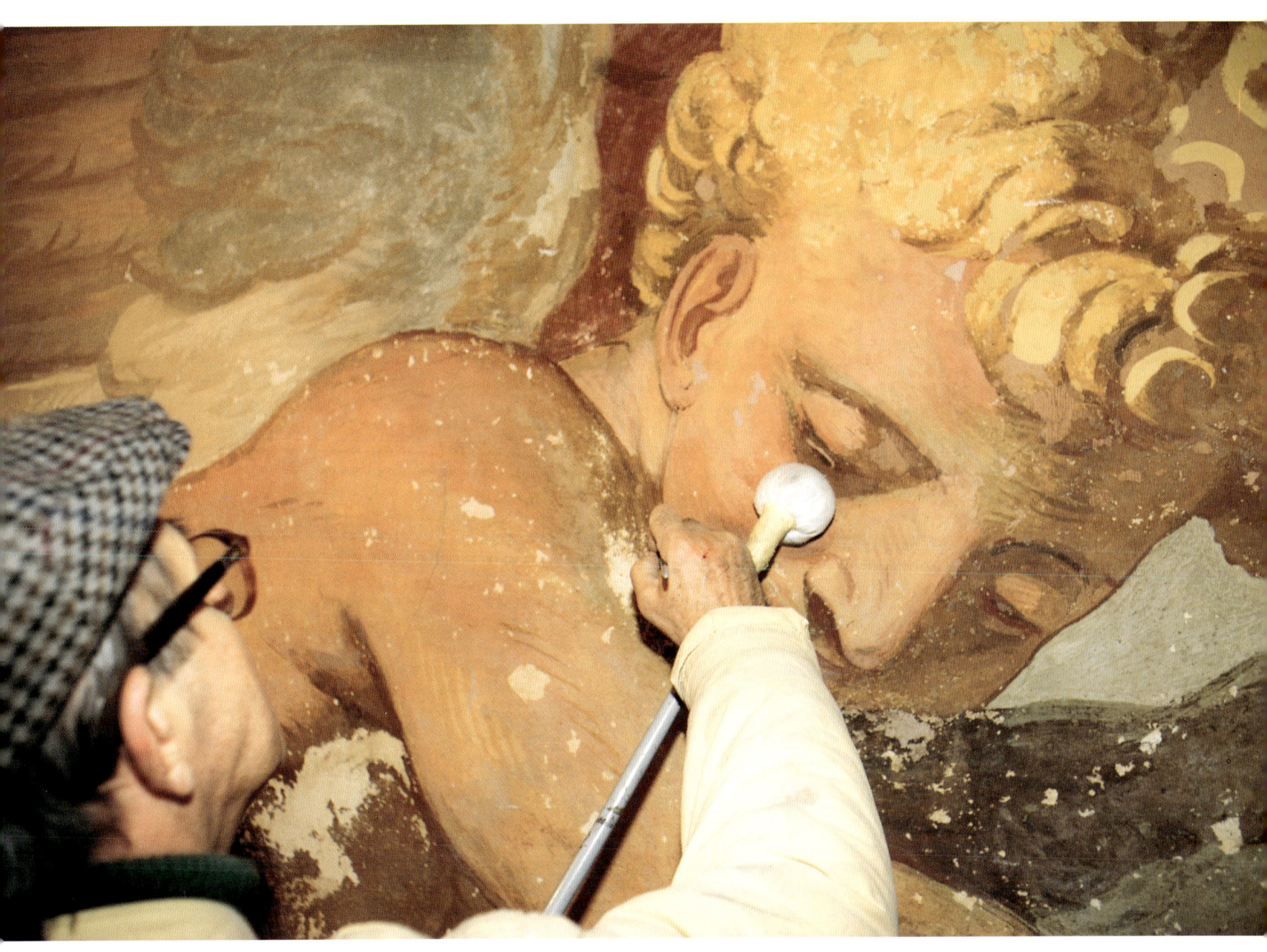

Tête à tête entre le restaurateur et cet ange gigantesque de Jouvenet.

Composition de Charles de La Fosse : le roi présente son épée et les attributs de la France, fille aînée de l'Église, au Christ et à la Vierge.

Le second restaurateur travailla à la tête de saint Pierre. Il nettoya et fixa la peinture existante. Mais il s'agissait de toute évidence d'un médiocre repeint du XIXe siècle. Il proposa de redonner de l'écriture et du caractère au visage à partir des documents connus (esquisses de Rouen et gravures de l'abbé Pérau) de façon à assurer une bonne lisibilité depuis le sol, 55 mètres plus bas, sur un ciel réharmonisé avec celui de la calotte de La Fosse. Ce travail fut jugé excessif et il fut décidé, là comme ailleurs, d'en rester à l'existant.

Ainsi les textes d'archives, les devis des restaurateurs du XIXe siècle, les observations, les travaux, les essais des restaurateurs consultés et les analyses de laboratoire menèrent à la même conclusion. Malgré leur ambition de rivaliser avec les fresquistes italiens, il apparaît certain que ni Charles de La Fosse ni Jean Jouvenet n'a maîtrisé le travail à fresque au point de pouvoir se dispenser de recourir à un important complément de travail à sec.

Si le travail de base à fresque est attesté par la présence de « journées » et d'incisions ou gravures dans l'enduit, ce travail se révèle léger, traité en aplat, presque sans modelé. Un travail complémentaire à sec a donc été nécessaire dès l'origine. Si les interventions des restaurateurs du passé n'ont pas pu être identifiées par les analyses de laboratoire, c'est parce qu'ils ont utilisé une technique semblable à celle des peintres d'origine ; ces interventions se sont donc intégrées au premier travail.

Le visage du Christ a été recerné par la restauration du XIXe siècle.

Le décor apparaît en cours de « déchafaudage ». La dorure rénovée est accordée aux peintures nettoyées par légère patine.

Le parti de restauration proposé a donc consisté à conserver l'état actuel des peintures en rétablissant la cohésion des couches peintes, en nettoyant l'ensemble et en assurant une adhérence générale au support[9]. L'appel d'offres désigna pour les travaux définitifs la société Arcoa, dirigée par M. Vidal, qui avait restauré l'œuvre de Mignard au Val-de-Grâce.

Sous la maîtrise d'œuvre de l'inspecteur des Monuments historiques, François Macé de Lépinay, le chantier fut mené avec la rigueur scientifique exigée. L'état des peintures avant travaux fut rigoureusement analysé sur l'intégralité des surfaces. Les interventions et traitements furent également décrits point par point. Le nettoyage fit apparaître la médiocrité du groupe d'anges musiciens refait par Lejeune. Les travaux d'harmonisation furent limités à un minimum, localisé dans le ciel de la coupole terminale.

LES PEINTURES

L'apôtre saint
Barthélemy,
dans toute
sa monumentalité.

169

1. Comme son nom l'indique, le travail à fresque (A FRESCO en italien), s'exécute sur un enduit frais. Les pigments sont pris dans le phénomène de calcification du mortier et gardent ainsi leur fraîcheur et une solidité quasi minérale. Le mortier n'absorbe le pigment que pendant quelques heures. Aussi faut-il étaler chaque matin la surface de mortier que l'artiste sera capable de traiter dans la journée. D'où le nom de « journée » donné aux surfaces successives d'enduit et qu'il est possible de déceler après travaux. Les « journées » ont une surface proportionnelle à la nature du travail à réaliser. Aux visages ou aux mains correspondent des « journées » plus petites que celles des drapés ou des nuages dans le ciel. Tout travail fait ultérieurement est dit A SECCO. Par sa nature même il est moins durable que le travail à fresque.

2. Pour la chapelle Saint-Grégoire – une des quatre chapelles annexes du dôme – un texte d'époque précise que Michel Corneille peignit « à la fresque » le décor. Or le marquis de Marigny demanda soixante ans plus tard à Carle Van Loo de peindre une nouvelle composition. Celui-ci choisit de faire son travail à l'encaustique. La peinture de Michel Corneille n'était donc sans doute pas un pur travail à la fresque, car dans ce cas il n'aurait pas été altéré aussi rapidement. En justifiant son travail à l'encaustique, Van Loo montre qu'il maîtrisait mal lui-même le travail à la fresque.

3. D'Argenville écrit : « Ce bel ouvrage perdit sa couleur presque aussitôt qu'il fut achevé, par la faute de l'enduit dont la chaux était trop fraîchement éteinte » et Cochin, au milieu du XVIIIe siècle : « Le plafond du Val-de-Grâce, après avoir fait dans sa nouveauté un très bel effet par le secours du pastel, a perdu tout le coloris surajouté qui en faisait l'agrément. » Au courant de ces déboires, André Félibien et Roger de Piles déconseillent de retoucher « à sec » un ouvrage peint « à fresque ». Ils dénoncent l'emploi des couleurs détrempées à l'œuf, à la colle ou à la gomme, car ces couleurs noircissent.

4. Par ailleurs, les entrepreneurs Hardouin et Pipault disent avoir exécuté sur la pierre du dôme un enduit avec un tiers de chaux et deux tiers de sable, soit un dosage qui ne correspond pas à l'ARRICCIO, enduit au sable très fin nécessaire pour le pur travail A FRESCO.

5. Les documents inédits étaient classés dans le dossier « Tombeau de l'Empereur » et de ce fait restés méconnus. Ils nous ont été communiqués par Mme Labat que nous remercions ici.

6. Quelques surfaces à gauche et à droite sont « tirées » et légèrement ondulées. L'enduit est pressé (sans grain de sable) sous la tunique bleue de saint Marc et sous les drapés des anges 4 et 5. Par endroits, l'enduit est granuleux (main gauche de l'ange au sceptre et main gauche de saint Pierre) ou très granuleux, notamment dans le ciel au-dessus de l'ange 4, où les pigments verts sont mêlés à l'enduit frais, formant un ensemble mouvementé. Nous avons vu qu'il était à base de chaux avec plus ou moins de plâtre, de sable et de silicate.

7. On peut noter plusieurs décalages entre incisions et dessin final, notamment dans le visage de saint Marc. Des incisions ne sont pas utilisées dans certaines draperies. On trouve aussi des gravures directes dans l'enduit frais, tracées avec un instrument pointu, et improvisées sur place. Des visages et des mains présentent des axes de construction énergiquement tracés par des traits gris foncé. Dans les chevelures, la recherche et l'improvisation sont évidentes. Pour certaines parties, on observe une absence de tracé préparatoire identifiable.

8. Les solvants employés – tensio-actifs, non anioniques (Désogène) et non polaires – ont donné de bons résultats. Certaines zones ont pu être éclaircies par dépoussiérage à sec à l'aide d'une brosse douce. Une désinfection, pour lutter contre les attaques biologiques des bactéries et moisissures, a été réalisée au moyen de pentachlorophénol et de créosol, employés en solution dans un solvant volatil. Le fixage et la consolidation ont été réalisés avec la résine Paraloïd B 72 en solution de 3 à 5 % dans un solvant composé de toluène et paraxylène additionnés de Paraloïd B 72 en faible concentration. Ces petites lacunes avaient été au préalable remises au niveau de la couche picturale au moyen d'un stucage au mortier de chaux.

9. Les directives suivantes ont servi de base aux devis de consultation des restaurateurs. Cohésion générale des couches peintes pulvérulentes au Paraloïd B 72 en solution à 4% dans un mélange toluène/xylène (20-80) appliqué avec précaution au pinceau. Nettoyage au P/xylène (qui ne laisse pas de trace après évaporation) avec apport de toluène par température inférieure à 13°C. Adhérence au support en utilisant l'émulsion acrylique Primal AC 33 par injection diluée pour les parties écaillées ou gonflées. Pour les plissements et petits gonflements, prémouillage à l'aide d'une solution eau-alcool, pose au pinceau d'AC 33 dilué et réapplication de la couche picturale à la spatule.

Saint Simon apôtre.

171

DOUBLE PAGE SUIVANTE

L'ensemble a retrouvé lisibilité et fraîcheur.

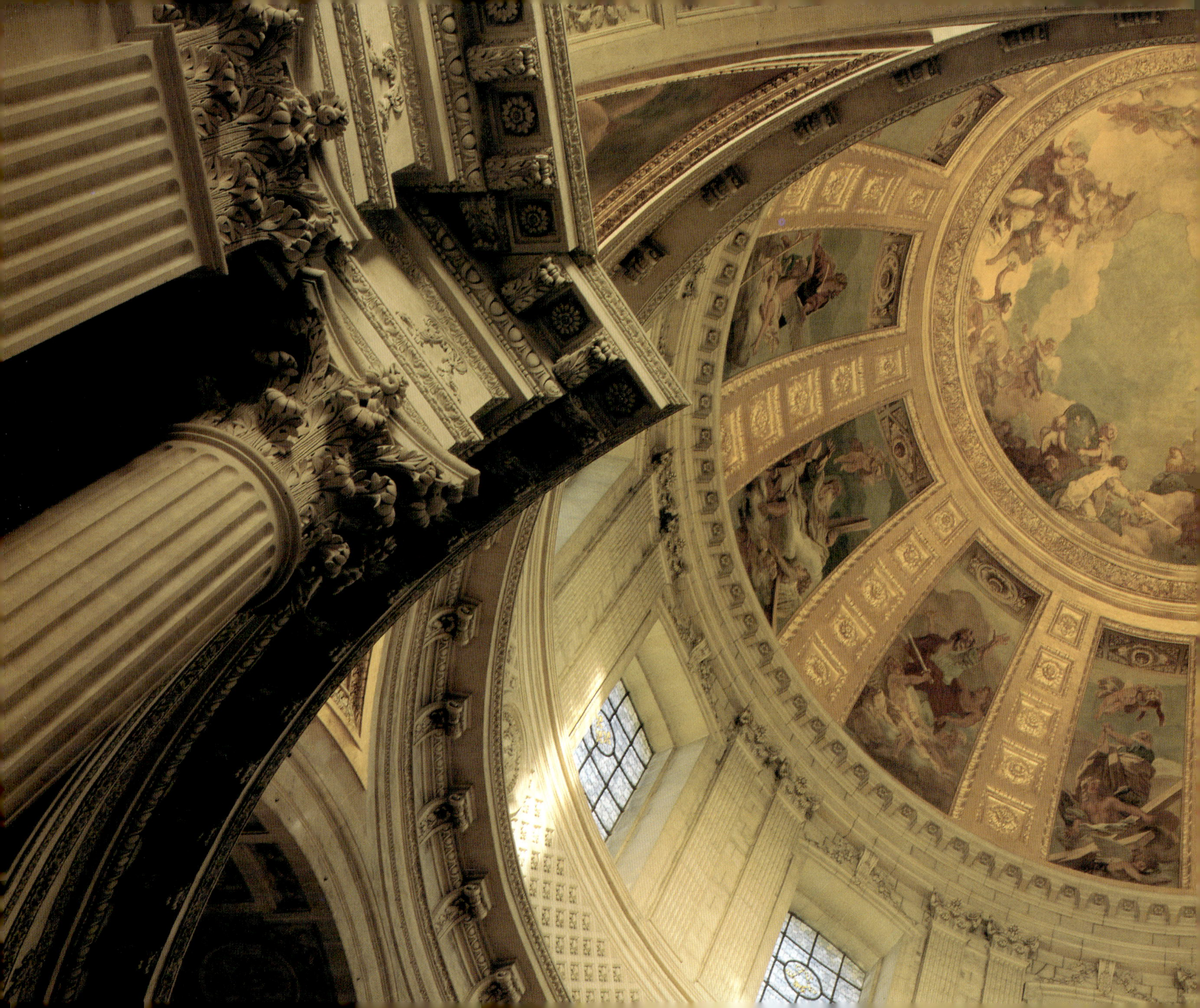

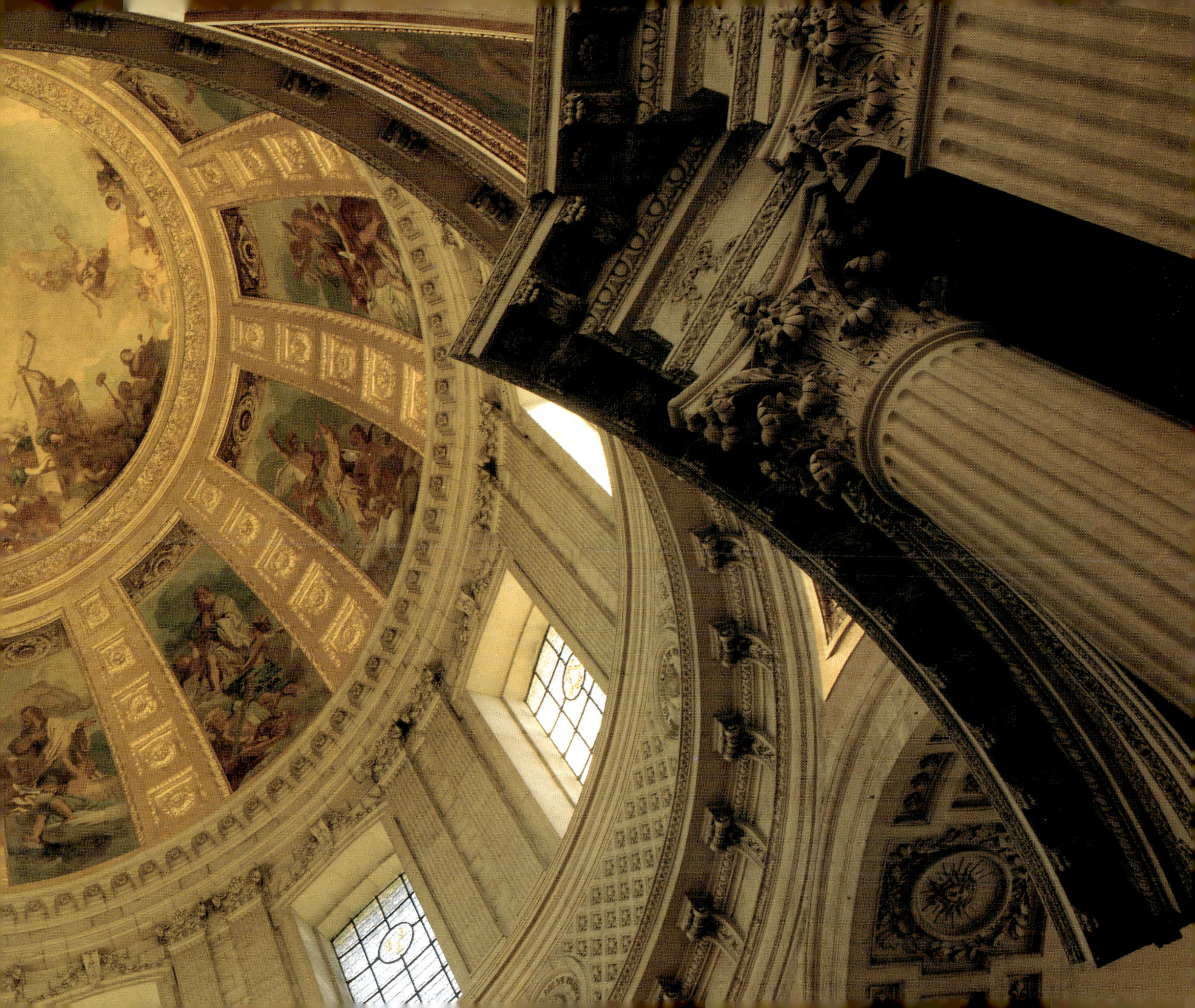

ÉPILOGUE

Au terme de ce survol des études et travaux récemment réalisés à l'église du dôme des Invalides, il nous appartient de nous interroger sur l'activité des métiers d'art en matière de restauration et sur leur avenir.

Le savoir des compagnons des métiers strictement du « bâtiment » est toujours vivant. L'importance des travaux à exécuter pour maintenir en état l'ensemble de notre patrimoine historique et l'engouement de tous pour cette tâche permettent de maintenir au travail un certain nombre de spécialistes et d'assurer leur renouvellement. Actuellement – mais pour combien de temps encore ? – l'entretien et la réfection à l'identique des maçonneries, charpentes et couvertures les plus altérées se pratiquent. Il existe des lieux de formation qui transmettent ce savoir. Le lycée du bâtiment, Saint-Lambert, à Paris, le compagnonnage, les entreprises spécialisées elles-mêmes forment d'excellents praticiens de la pierre. De la remarquable école de couverture d'Angers sortent chaque année des hommes de métier, de haut niveau et très demandés. Chez les charpentiers, le compagnonnage est particulièrement vivace, efficace et adapté à l'évolution des techniques. Les menuisiers, serruriers, doreurs et fondeurs sont encore suffisamment sollicités pour que soit conservée et formée leur main-d'œuvre spécialisée ; et ceci malgré la crise de recrutement pour des métiers mal appréciés des orientateurs.

Tous ces hommes forment pour le service des Monuments historiques un véritable conservatoire des métiers d'art. Ils portent en eux et développent, grâce à l'exercice de leur activité concrète et créatrice, des qualités humaines profondes, harmonieuses et équilibrées,

ÉPILOGUE

et des certitudes dues à un réel savoir. Grâce à eux, chaque rendez-vous de chantier est une merveilleuse aventure, pleine d'échanges et de découvertes enrichissantes.

L'application de la Charte de Venise qui, depuis quarante ans, est à la base de la doctrine internationale et définit le « culturellement correct » en matière de restauration, n'est pas sans danger pour ces métiers. Certes on ne peut lui reprocher de privilégier la notion de « conservation absolue », car cela oblige à rechercher par les moyens scientifiques de notre époque les techniques les plus performantes pour sauvegarder tout ce qui peut l'être. Les progrès considérables faits en matière d'assainissement, de consolidation, de traitement des pierres, enduits anciens, bois ou métaux malades, les prothèses invisibles et savantes sont un apport considérable pour le patrimoine. Les chantiers s'ouvrent aux ingénieurs, chimistes, spécialistes de toutes disciplines. Cela est nouveau, exaltant et débouche sur la formation d'une nouvelle main-d'œuvre dont les préoccupations, plus scientifiques et technologiques qu'esthétiques, ne sont plus celles des artisans traditionnels, frères des constructeurs du passé.

Petit à petit on risque de voir ceux-ci écartés des chantiers, en discréditant involontairement leur savoir-faire. Au nom de l'authenticité, et de la crainte du faux qui nuirait au vrai, de la copie, bref du pastiche ou du passéisme, le danger est grand de voir s'éteindre leurs nobles corporations.

Nous avons vu que pour la construction proprement dite, l'importance et l'urgence des tâches à accomplir permettaient la survie de ces artisans. Mais pour les disciplines les plus « artistiques », comme la sculpture et la peinture, le seuil de l'oubli total des pratiques anciennes est en passe d'être franchi. Certes les techniques de sculpture, relativement simples, ne sont pas perdues, mais nous avons évoqué la difficulté de trouver des créateurs maîtrisant les formes du passé. Aucune école ne transmet le savoir indispensable. Les ateliers des Beaux-Arts sont orientés vers des recherches totalement opposées à la tradition. Seuls les autodidactes tentent aujourd'hui d'atteindre, à contre-courant, le niveau de connaissance et de pratique indispensable pour faire ce qui s'est longtemps appelé de la sculpture. La pratique du démontage et de la mise à l'abri dans des « musées de l'Œuvre » de sculptures extérieures trop altérées ouvre la possibilité de créer des œuvres de remplacement. Mais la difficulté de trouver les compétences nécessaires fait privilégier les moulages ou ragréages à la sculpture. La situation la pire est cependant celle de la peinture.

La crise du métier de peintre n'est pas nouvelle. La décadence s'amorce dès le XVIIIe siècle et se développe tout au long du XIXe. Les recherches écartent les praticiens – même dans le domaine de la peinture décorative – de l'expression et de la connaissance de la forme élaborée du XIIIe au XVIIIe siècle, qui avaient fait de la peinture occidentale une production d'un genre unique dans l'histoire de l'humanité.

Il faut dire que la mauvaise qualité de la restauration picturale d'autrefois, consistant jusqu'à une date récente à ranimer, sans nettoyage préalable, les peintures anciennes, a totalement discrédité, à juste titre, les repeints qui remodelaient les œuvres pour les rendre de nouveau lisibles en renforçant les ombres et réempâtant les lumières au moyen de techniques différentes des pratiques originelles.

Les recherches scientifiques évoquées auparavant permettent aujourd'hui de nettoyer, consolider, dégager les peintures anciennes – ce qui représente un progrès inestimable –, mais la fraîcheur retrouvée des parties traitées fait souvent apparaître des discordances et s'accompagne de la création d'espaces lacunaires. C'est ainsi que fleurissent, aux flancs des édifices les plus prestigieux de l'Europe, de véritables festivals d'espaces lacunaires qui détruisent toute perception esthétique des œuvres décoratives. La question reste plus nuancée pour les chefs-d'œuvre de chevalet, très personnalisés. C'est après le nettoyage et la consolidation des parties authentiques par les « techniciens » de laboratoire que devrait intervenir l'artiste. Car la « réintégration » (le mot « repeint » est aujourd'hui banni du vocabulaire) est indispensable. Elle demande une parfaite maîtrise du métier, c'est-à-dire une connaissance de la forme, de son

ÉPILOGUE

expression et des techniques appropriées[1]. Or ces connaissances n'existent plus[2]. Peut-être seront-elles bientôt prises en considération dans les grandes écoles de restauration que sont le Restauro à Rome, qui nous a déjà tant apporté, ou l'IFROA à Paris, de création plus récente. Le dessin et la peinture seront-ils enseignés d'après les maîtres du passé ? C'est la voie nécessaire pour envisager une renaissance du métier et du savoir que certains considèrent comme inutile, mais qui est attendue impatiemment par ceux, nombreux, qui demeurent sensibles aux beautés éternelles de l'art.

---

1. Pour le « retour au métier », voir LES CAHIERS DE L'ACADÉMIE ANQUETIN n°1-48, imp. Lenormand, Montauban, 1965-1990.

2. L'exemple de la restauration de l'abbaye de Monte Cassino en Italie, détruite durant la guerre, est à ce point de vue exemplaire. Toute l'abbaye a été reconstruite. L'intégralité des ouvrages en pierre de taille, de la sculpture décorative, de la charpente, de la couverture, des stucs, des dorures, des peintures simples, etc. a été restituée. La réfection des fresques figuratives décorant notamment les voûtes et plafonds de l'église et les pièces nobles de l'abbaye n'a quant à elle pas été tentée, et de vastes espaces d'enduit gris uniformes triomphent dans de somptueux encadrements dorés.

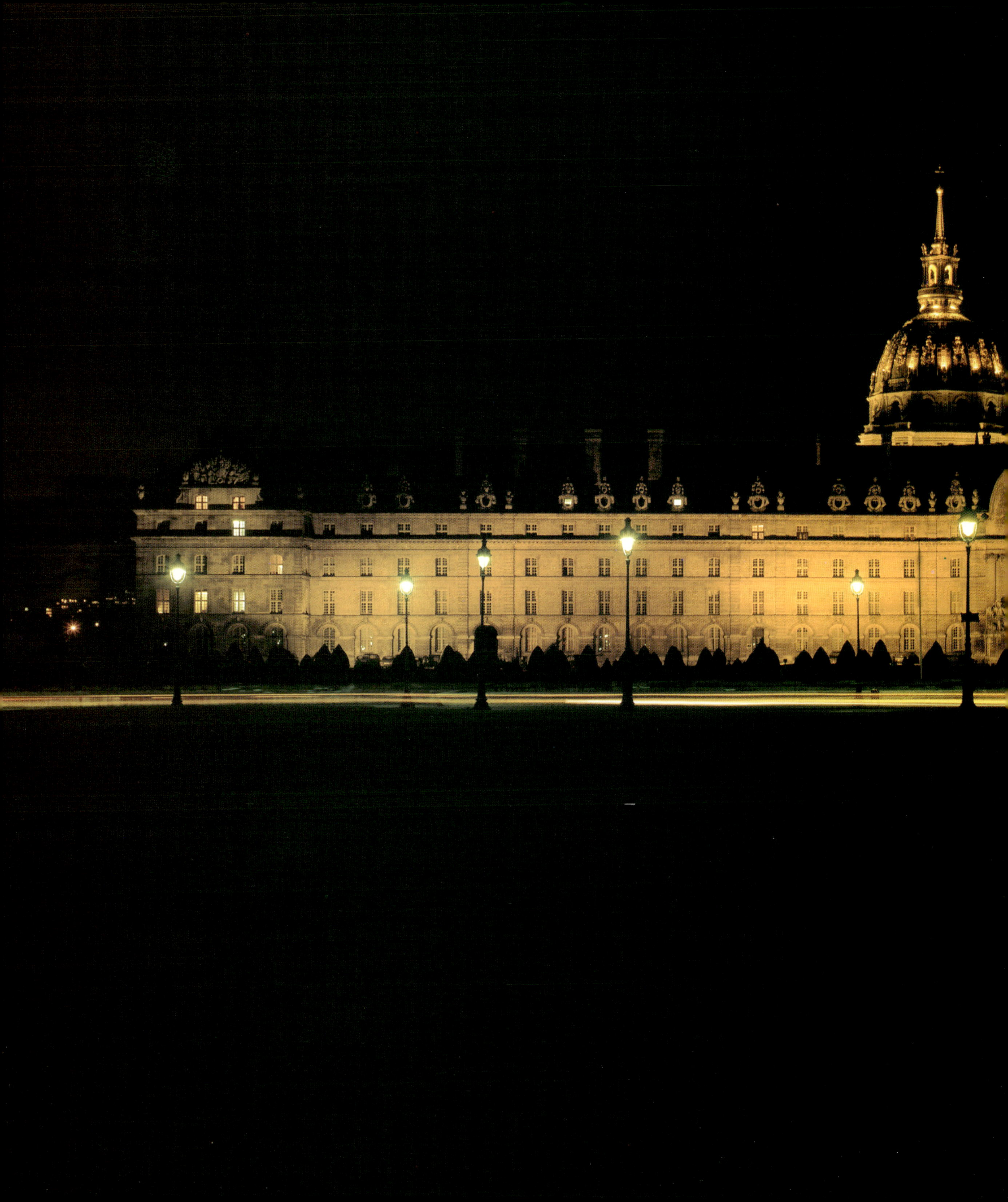

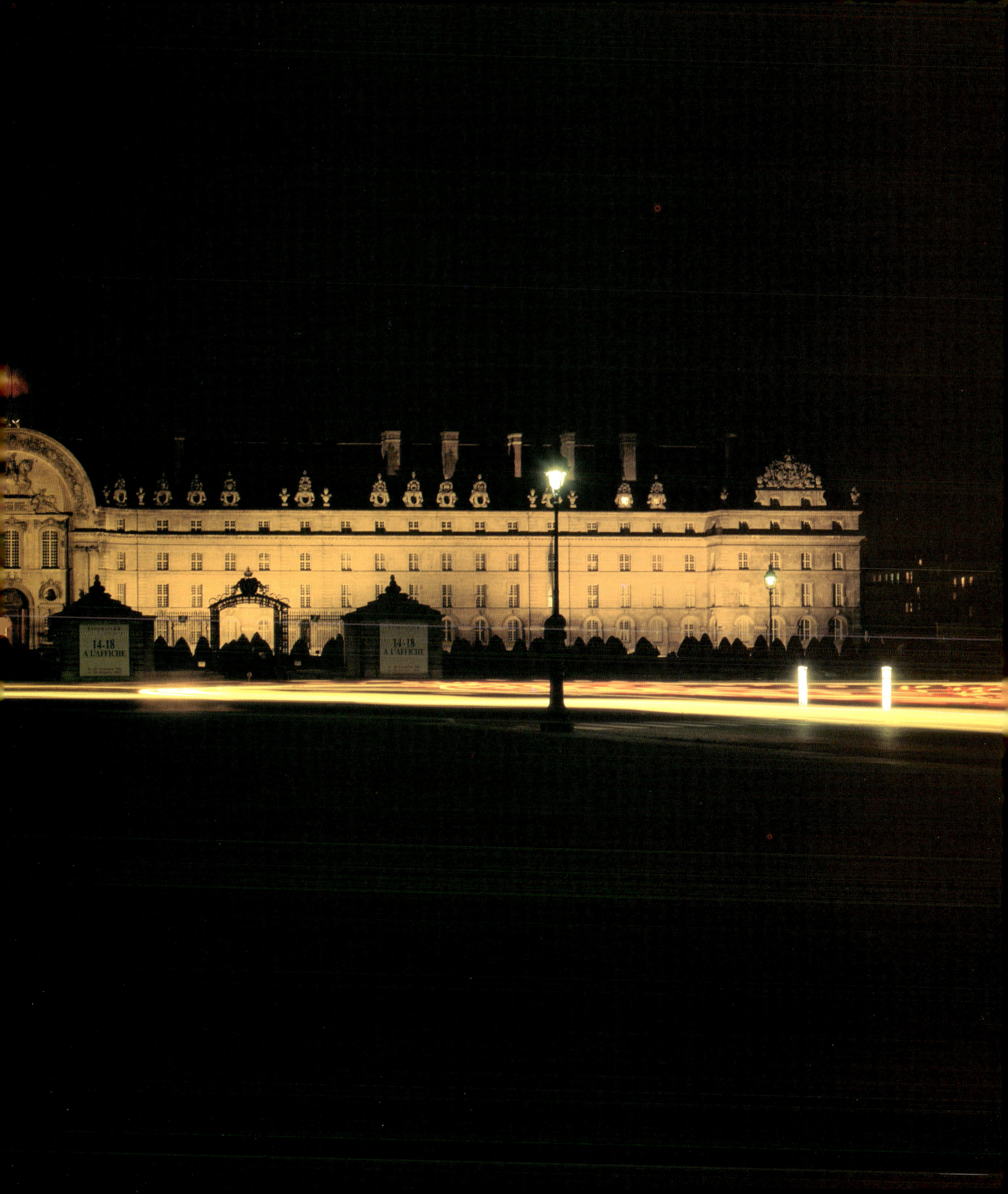
14-18
A L'AFFICHE
14-18
A L'AFFICHE

ANNEXES

Extrait de l'article « Art » de Diderot dans l'Encyclopédie

La distinction entre arts libéraux et arts mécaniques[1], quoique bien fondée, a produit un mauvais effet, en avilissant des gens très estimables et très utiles, et en fortifiant en nous je ne sais quelle paresse naturelle, qui ne nous portait déjà que trop à croire que donner une application constante et suivie à des expériences et à des objets particuliers, sensibles et matériels, c'était déroger à la dignité de l'esprit humain ; et que de pratiquer ou même d'étudier les arts mécaniques, c'était s'abaisser à des choses dont la recherche est laborieuse, la méditation ignoble[2], l'exposition difficile, le commerce déshonorant, le nombre inépuisable, et la valeur minutielle[3]. Ce n'est pas ainsi qu'ont pensé Bacon, un des premiers génies de l'Angleterre, Colbert, un des plus grands ministres de la France, enfin les bons esprits et les hommes sages de tous les temps. Bacon regardait l'histoire des arts mécaniques comme la branche la plus importante de la vraie philosophie, il n'avait donc garde d'en mépriser la pratique. Colbert regardait l'industrie des peuples et l'établissement des manufactures comme la richesse la plus sûre d'un royaume. Au jugement de ceux qui ont aujourd'hui des idées saines de la valeur des choses, celui qui peupla la France de graveurs, de peintres, de sculpteurs et d'artistes en tout genre... ne fit guère moins pour l'État que ceux qui battirent ses ennemis et leur enlevèrent leurs places fortes. Mettez dans un des côtés de la balance les avantages réels des sciences les plus sublimes et des arts les plus honorés, et dans l'autre côté ceux des arts mécaniques, et vous trouverez que l'estime qu'on a faite des uns et celle qu'on a faite des autres n'ont pas été distribuées dans le juste rapport de ces avantages, et qu'on a bien plus loué les hommes occupés à faire croire que nous étions heureux, que les hommes occupés à faire que nous le fussions en effet.

---

1. Diderot regroupe sous les termes « arts mécaniques » ce que l'on appelle aujourd'hui les métiers d'art ainsi que le travail des manufactures qui, par définition, sollicite la main de l'homme.
2. Ignoble est utilisé au XVIIIe siècle au sens étymologique et signifie « non noble, sans noblesse » et n'a pas le sens actuel d'« abject ».
3. Néologisme de Diderot qui n'a pas fait fortune et veut dire : qui se perd dans des détails minutieux.

Les Invalides demain

La restauration de l'église du dôme semble à première vue achevée. Il reste pourtant encore à faire pour la mener vraiment à son terme. Tout d'abord un détail extérieur : la porte d'entrée en bois de l'église, dénommée la « porte dorée » dans les textes anciens, a perdu sa dorure à la Révolution après l'arrachage des emblèmes royaux qui l'ornaient. Lors de sa remise en état, sous la Restauration, seule sa face intérieure, celle qui n'est jamais visible, fut dorée. La restitution d'une note dorée au pied de l'édifice serait un rappel de l'éclat de son sommet.

Extérieurement, un programme ambitieux pourrait être envisagé : la restitution de l'ensemble du décor sculpté couronnant le socle carré du dôme et la balustrade circulaire du tambour sous la coupole, soit au total trente statues de prophètes et de Vertus semblables à celles toujours en place à la chapelle Royale du palais de Versailles. Belle occasion pour former, sous la direction des quelques sculpteurs encore compétents, une génération de jeunes artistes et pour redonner au dôme son caractère « baroque » d'origine.

Les silhouettes de statues qui peuplaient le ciel de Paris évoquaient la Rome du XVIIe siècle et notamment l'œuvre du Bernin au Vatican. Leur disparition à l'époque révolutionnaire donna à l'église un caractère plus dépouillé, la rapprochant du style néo-classique qui régnait dans l'art à ce moment.

Intérieurement, le décor des quatre chapelles d'angle est à rafraîchir. Un travail particulièrement délicat sera à faire pour la chapelle Saint-Grégoire, repeinte à l'encaustique par Carle Van Loo dans la seconde moitié du XVIIIe siècle et qui, nous l'avons dit, a beaucoup noirci.

Il faudrait aussi reprendre les cadres des évangélistes des pendentifs. Ces cadres, richement décorés, avec aux angles des têtes d'angelots, furent réalisés en plomb doré ; on les détruisit à la Révolution pour récupérer le métal. Sous la Restauration, ils furent remplacés par une plate moulure néo-classique.

Les vitraux du XVIIIe siècle ont disparu au milieu du XIXe siècle. Un ensemble de vitraux bleutés fut alors mis en place pour affirmer le caractère mortuaire de la crypte de l'Empereur. Ces vitraux ont été eux-mêmes remplacés presque entièrement depuis trente ans par des vitraux « à bornes » dans les tonalités du Grand Siècle. Les vitraux bleutés restent dans la chapelle du maréchal Foch. Ils contribuent à son caractère, mais leur sort sera sans doute un jour évoqué devant la Commission supérieure des monuments historiques et fera l'objet d'une discussion intéressante.

Tous les métiers d'art ont donc encore la possibilité de s'exprimer au dôme des Invalides. À l'extérieur des bâtiments de l'Hôtel, il reste à terminer la restauration des façades sur les cours intérieures, et à dégager l'angle nord-ouest sur l'avenue de Tourville et l'esplanade, avec la création des derniers fossés-douves.

Par ailleurs une cinquantaine de services sont toujours installés aux Invalides, dépendant de six ministères différents. Refaire le grand ensemble des Invalides, à l'image du Grand Louvre, est donc un travail de titan.

Pour cela, il faudrait libérer les lieux en transférant des services au Val-de-Grâce, au ministère des Anciens Combattants, à la ZAC Desaix ou ailleurs. Le projet rêvé de rénovation intérieure de ce magnifique ensemble serait consacré à deux activités : hébergement des « invalides » et visite des musées. Ceux-ci pourraient se regrouper en un grand « musée de l'Histoire de France », vaste livre d'or de la vie militaire, qui en couvrirait tous les aspects et qui s'établirait logiquement à travers les grandes cours, mettant ainsi fin au morcellement actuel. Le XIXe siècle s'en soucia et intégra l'aménagement d'une salle monumentale, accessible au public, dans le grand comble de l'église Saint-Louis ; il faut aujourd'hui espérer que ce projet déjà entièrement élaboré ne restera pas éternellement dans les cartons.

Enfin, un vaste travail d'aménagement du cheminement des piétons depuis la place Vauban jusqu'à l'esplanade est nécessaire. Le parvis devant le dôme est actuellement occupé par deux pelouses qui n'ont plus de raison d'être depuis la restitution du jardin de l'Intendant à gauche et du jardin de l'Abondance à droite. La mise en place d'un dallage autoriserait le déroulement des cérémonies nationales les plus prestigieuses.

Les passages latéraux de chaque côté de l'église Saint-Louis sont le point faible de la composition. Le projet leur trouverait l'ampleur et le caractère voulus. Les aménagements de la place Vauban elle-même, y compris le stationnement des cars et l'accès des touristes au monument, sont aussi à étudier pour achever une mise en valeur exemplaire de cet ensemble voué à l'éternité.

ALLOCUTION PRONONCÉE LE 18 DÉCEMBRE 1989
LORS DE LA REMISE DES INSIGNES DE CHEVALIER DANS L'ORDRE DES
ARTS ET LETTRES À QUINZE ARTISANS DE LA RESTAURATION
DES COUVERTURES ET DE LA DORURE DU DÔME DES INVALIDES.

Mes chers amis,

Votre promotion est exceptionnelle, mais combien méritée, dans le domaine des arts. Mais qu'est-ce que l'art ?

Il est ainsi défini dans le LAROUSSE : « ensemble des procédés, des connaissances et des règles intéressant l'exercice d'une activité ou d'une action. Exemple : Faire quelque chose selon les règles de l'art. » Ne dit-on pas ainsi des métiers que vous pratiquez qu'il s'agit de « métiers d'art » ? Alors qu'aujourd'hui la notion d'art est en crise et s'éloigne de ses racines, l'on sait encore sur les chantiers des Monuments historiques honorer le travail bien fait, le métier assimilé et la belle facture qui en découle. L'art vrai et éternel est toujours dans la main des hommes de métier que vous êtes.

La crise de l'art est telle que dans un récent sondage auprès de l'opinion publique, sur vingt-cinq professions allant du médecin aux hommes politiques, on avait omis la profession d'artiste. En revanche, celle d'ouvrier était prise en compte et elle s'est bien placée, devançant, dans l'ordre, les ingénieurs, les chefs d'entreprise, les avocats, les préfets, les champions, les hommes politiques. Je pense que si le public a donné cette place d'honneur à l'ouvrier, c'est parce qu'aucune autre proposition ne lui permettait de s'exprimer sur les métiers d'art qui pourtant sont une des manifestations de l'activité humaine les plus nobles.

Aujourd'hui, je voudrais faire aimer, comprendre et respecter vos beaux métiers et prendre conscience de l'urgence, non seulement de ne pas les laisser disparaître, mais de leur donner une nouvelle dimension, un nouveau rayonnement. Je voudrais également mettre en garde contre de nombreuses idées fausses au sujet de ces métiers. Vous êtes aujourd'hui quelques centaines, alors que l'on vous comptait par dizaines de milliers à la fin du siècle dernier. Le bâtiment courant ne vous utilise plus. Votre métier, raffiné, complet, qui a mis des siècles à se former et demande des années à acquérir, n'a plus sa place dans les chantiers modernes où la main-d'œuvre est requise pour des travaux d'une tout autre nature. Beaucoup croient aujourd'hui que l'amateur bénévole, après quelques regards sur des livres ou revues, peut entreprendre des travaux de restauration, et qu'un bon ouvrier peut s'improviser tailleur de pierre, couvreur, peintre ou décorateur en retrouvant seul les techniques artisanales oubliées. C'est faux. Il faut des années d'étude ou de pratique, et malheureusement, dans les écoles spécialisées, on ne délivre plus que quelques dizaines de diplômes par an.

Des milliers d'étudiants en Histoire ou Histoire de l'art analysent les témoins de notre passé, et l'opinion publique prend conscience de la valeur de notre patrimoine, alors que la création plastique s'est engagée sur des voies étrangères à l'acquis des siècles. Par vous, le message se transmet néanmoins, et les espoirs de renaissance restent permis.

Nos monuments n'ont de raison d'être que s'ils continuent à vivre. Leur présence assure la continuité de notre civilisation. Certains rêvent pour demain du produit miracle qui, pulvérisé sur les bâtiments anciens, permettrait leur conservation. Quelle mort dans la naphtaline !

Je soutiens que la restauration par les méthodes traditionnelles est la seule façon de comprendre nos monuments, comme l'exécution musicale est, elle, le seul moyen de comprendre la musique. Les observations faites sur l'échafaudage et les mécanismes intellectuels et manuels pour refaire une partie irrémédiablement altérée sont indispensables pour la survie des monuments. Il en est de même pour l'équilibre de l'homme. La perte du contact avec la pierre, le bois, la terre, les matériaux naturels n'est-elle pas une des raisons de notre crise de civilisation ? Les métiers « intellectuels » ou « technologiques » sont considérés de nos jours, et déjà du temps de Diderot, comme supérieurs. L'orientation scolaire y pousse ceux qui passent pour les meilleurs. Quelle confusion dans les esprits qui ne mesurent pas ce qu'est la qualité de vie ! Il y a une tendance à renverser. Il ne s'agit pas d'un combat d'arrière-garde pour conserver quelque chose qui a déjà presque disparu. Il s'agit d'une offensive nouvelle où chacun doit sentir sa responsabilité engagée et où les compagnons encore debout peuvent aider à sauver la part du « sel de la terre » qui reste entre leurs mains. Leur travail est là pour témoigner de leur maîtrise : travail d'homme, d'individu, riche de connaissances ; travail exemplaire, satisfaisant, exaltant.

Mais comment renverser la tendance ? Il ne s'agit pas de vouloir vivre aujourd'hui dans les conditions d'hygiène, d'habitat, de soins médicaux, de transport, de sécurité, du passé, ni de reprocher à l'homme contemporain de consacrer ses efforts à la recherche scientifique, qui transforme nos existences. Mais qui ne ressent pas ce qui nous écarte aujourd'hui de nos racines profondes ? L'archéologie et l'histoire de l'art ne remplacent pas l'action. Des dizaines de milliers de gens se groupent en associations pour défendre notre patrimoine. L'administration des Monuments historiques a étoffé ses effectifs dans des proportions de un à vingt par rapport à il y a quarante ans. De nombreux jeunes veulent connaître la saveur du geste manuel et viennent, en bénévoles, tenter de retrouver ce que ne leur apporte pas notre époque. Alors pourquoi le nombre des hommes de métier diminue-t-il, tandis que le nombre de ceux qui s'intéressent à ce qu'ils font est en inflation galopante ?

Je voudrais toutefois conclure sur un message d'espoir : si la civilisation industrielle atteint ses objectifs et libère l'individu de ses asservissements et de ses craintes ancestrales pour son pain et sa vie quotidienne, l'homme de demain ne sera-t-il pas assailli par ses loisirs ? Comment pourra-t-il échapper au vide ainsi créé, sinon par une œuvre créatrice, le mettant en contact avec la matière et la nature ? La résurrection du travail manuel et de l'artisanat, avec ses disciplines et ses peines librement acceptées, sera le chemin pour accéder de nouveau aux formes les plus élevées de l'art, marques des grandes civilisations où règne l'harmonie entre la matière, la main de l'homme qui façonne, et son esprit qui conçoit et commande.

Vous êtes si nombreux, ici, à le comprendre, que le message sera entendu. Un nouvel essor des métiers d'art, hautement qualifiés, se produira demain, si nous sommes tous vigilants pour qu'il en soit ainsi.

Jean-Claude Rochette

Liste des artisans du chantier
nommés chevaliers de l'ordre des
Arts et Lettres

Les travaux de restauration et de dorure
du dôme des Invalides se sont achevés le 14 juillet 1989
pour les cérémonies nationales marquant
le bicentenaire de la Révolution française.
À cette occasion, Jack Lang, ministre de la Culture,
de la Communication, des Grands Travaux et du bicentenaire
a nommé chevaliers de l'ordre des Arts et des Lettres
les artisans du chantier dont les noms suivent :

Jean Berthier, charpentier

Jean-Lou Bouvier, sculpteur

Pierre Deleage, sculpteur

Georges Gay, fondeur

Fabrice Gohard, doreur

Robert Gohard, doreur

Jean-Louis Goulfier, couvreur

Raymond Henriot, échafaudeur

Nourdine Kari, échafaudeur

René Laverdant, couvreur

Jean Peyrot, tailleur de pierre

Yvan Rio, fondeur

Antonio Texeira, couvreur

Yves Theaud, couvreur

Albert Wilaert, couvreur retraité
ayant participé à la restauration de 1937.

Glossaire

A SECCO : terme utilisé par les peintres italiens et signifiant " à sec ". Se dit de la peinture murale exécutée sur un mur sec, par opposition au travail A FRESCO (à fresque), qui désigne une peinture faite sur un enduit frais, donc humide.

arêtier : élément de couverture couvrant un angle saillant (par opposition à la noue qui correspond à un angle rentrant). Sur le chantier du dôme des Invalides, les compagnons nommèrent arêtiers ce que l'on pourrait appeler nervures ou côtes, c'est-à-dire les éléments saillants jumelés qui séparent les douze quartiers de la coupole ornés de trophées.

blanc de céruse : oxyde de plomb qui se présente sous la forme d'une poudre blanche très pure. Broyé à l'huile crue ou cuite, il servait à faire autrefois la peinture blanche. Sa toxicité en a fait interdire l'usage. Il est remplacé par le « blanc de zinc », bien que celui-ci n'ait pas les mêmes qualités picturales.

bûcher : terme de maçon désignant l'action de détruire une partie de pierre avec une masse, un poinçon ou un taillant.
Se dit aussi de l'action consistant à détruire une pierre malade et à réserver un espace géométrique simple pour mettre en place une pierre neuve de remplacement.

calotte : partie supérieure d'un dôme. Le lanternon des Invalides repose sur une calotte décorée de festons.

cerce : gabarit en bois donnant le contre-profil d'une courbe et dont on se sert pour vérifier ou guider un travail, notamment en matière d'arcs et de voûtes.

chamotte : matériau fait de brique pilée et de sable siliceux passé au four à très haute température. Surtout employée en métallurgie pour isoler les moules, en raison de ses qualités réfractaires. Introduite comme agrégat dans un mortier de chaux aérienne, la chamotte lui confère des qualités hydrauliques, c'est-à-dire de prise à l'abri de l'air.

coupole, dôme, rotonde : la coupole est une voûte de plan circulaire, dont l'intrados est une concavité de révolution selon l'arc générateur. On distingue les coupoles plein cintre, surbaissées ou surhaussées.
Aux Invalides, la coupole intérieure la plus basse (celle des apôtres) est plein cintre et percée d'un oculus qui supprime la calotte. Elle a la structure de la ROTONDA de Rome (rotonde). Ce terme désigne le Panthéon de Rome, archétype de ce mode de voûtement. La seconde coupole (celle du ciel) est surhaussée. Le mot dôme s'applique aux ouvrages de charpente et de couverture, de plan centré, à versant continu ou à pans, galbés en quart-de-rond ou autre courbe.
Aux Invalides, le dôme couvert de plomb surmonte et protège les deux coupoles en maçonnerie.

diffractomètre : instrument de laboratoire permettant d'étudier la structure de la matière, c'est-à-dire la répartition des atomes et des molécules, par la mesure des phénomènes de « diffraction » dus à l'usage des rayons X.

encaustique : l'encaustique, c'est-à-dire la cire, est utilisée en peinture depuis l'Antiquité. Elle est encore employée aujourd'hui pour réaliser les icônes dans la tradition byzantine. Elle entre dans la composition de nombreux médiums, ou liants, utilisés dans la peinture à l'huile du XIVe au XVIIIe siècle. Elle apporte de l'onctuosité et de la ductilité à la matière picturale mais, en grande quantité, noircit.

fonte à la cire perdue : voir l'encadré de J. Dubos, page 91.

fonte au sable : le moule et le noyau sont exécutés en sable silico-argileux, modelable, qui une fois étuvé acquiert une bonne dureté et résiste bien au bronze. La fonte au sable est moins raffinée que la fonte à la cire perdue, mais les moules peuvent être réutilisés après traitement.

fresque : voir A SECCO.

INTONACO : mot italien signifiant enduit. Les Italiens ont toujours été les maîtres dans l'art, indispensable pour la fresque, de composer et mettre en œuvre les mortiers de chaux aérienne et de sable par couches successives.

joint : ligne de séparation de deux éléments en pierre. Il peut être « vif », c'est-à-dire sans mortier – ce qui demande une qualité de taille exceptionnelle (édifices grecs en marbre par exemple) –, ou, le plus souvent, traité au mortier. Le rôle du joint au mortier est au premier chef d'assurer l'étanchéité du mur. Il sert aussi, surtout depuis l'utilisation du ciment, à répartir la charge, ce qui l'épaissit et dispense de réaliser une taille de qualité.

journée : elle représente la surface d'enduit, destiné à recevoir un travail à la fresque, que le peintre prépare quotidiennement afin qu'il reste humide. La surface d'une journée n'est pas la même pour les motifs simples et rapidement traités (ciel, plis larges) et les parties très travaillées (visages, mains).

lanternon : petite construction de plan centré, en forme de lanterne, percée de baies et placée au faîte d'une couverture ; se distingue du lanterneau par son volume élancé. Le lanternon des Invalides, étant accessible, fait belvédère à l'air libre. Ne possédant pas de cloche, il ne doit pas être appelé campanile.

lunette : partie de mur cintrée vers le haut, du fait de voûtes qui s'appuient sur ce mur, et que décore une peinture.

matage : opération consistant, pour unifier et protéger la dorure, à passer sur celle-ci une couche chaude de colle de parchemin ou de gélatine.

membron : baguette moulurée habillée de métal (plomb, cuivre ou zinc) qui souligne un arêtier ou une ligne de changement de pente de couverture.

microsonde électronique de Castaing : appareil de laboratoire permettant, en utilisant les rayons X, de faire une analyse qualitative et quantitative des éléments présents dans un volume de matière extrêmement petit.

MEZZO FRESCO ou demi-fresque : désigne un travail commencé à la fresque et qui, n'ayant pas été terminé dans le délai de séchage de l'enduit, est poursuivi A SECCO. Le travail exécuté à sec s'altérera plus vite que le travail à fresque.

modillon : petit support de forme variée (rectangulaire, à volutes, à copeaux, etc.) placé sous une corniche. N'est souvent qu'un élément de modénature et non de structure, comme le corbeau. Les denticules sont de très petits modillons décoratifs.

noue : le contraire d'un arêtier.

oculus : percement circulaire ou elliptique dans une maçonnerie (mur ou voûte). Comme au Panthéon de Rome dont il s'inspire, l'oculus de la coupole basse des Invalides est d'un diamètre considérable (14,50 mètres environ).

ornemaniste : artiste spécialisé dans la création d'éléments de décor architectural. Aux XVIIe et XVIIIe siècles, le plus connu, grâce à son œuvre gravée largement diffusée, est Jean Berain. Le mot s'applique aussi aux sculpteurs ou peintres en ornements.

panache : mot parfois utilisé autrefois pour « pendentif ».

pendentif : voûte de la famille des « trompes » en forme de triangle sphérique, établie dans les écoinçons des quatre arcs formant une travée carrée. Elle sert à passer d'un plan carré à un plan circulaire et à établir une coupole sur pendentifs.

ramendage : morceau de feuille d'or avec lequel le doreur reprend les endroits gercés ou effectue de petits raccords.

rehaut : touche exécutée par le peintre, à la brosse, aux emplacements des lumières les plus vives pour parachever un modelé. La qualité de leur écriture et la générosité de leur empâtement révèlent les grands maîtres. Le rehaut est exécuté avec les peintures à la colle ou à l'huile. Il est rare dans le travail à la fresque, et, dans ce cas, réalisé au mortier de chaux dans les délais prescrits par le séchage du support, de façon à faire prise avec lui.

sanguine : crayon, plus ou moins tendre, de teinte ocre rouge, très employé aux XVIIe (Rubens) et XVIIIe siècles (Watteau, Boucher, Hubert Robert, etc.), utilisé par Charles de La Fosse qui se voulait « rubénien » et fut un précurseur de l'école française du XVIIIe siècle.

scotie : profil de moulure en gorge demi-ovale compris entre deux filets, l'un plus saillant que l'autre. Surtout utilisée dans les bases de colonnes.

silicate : produit chimique caractérisé par la présence de silicium et de silice. Les silicates contenus dans les argiles cuites (briques, tuiles, chamottes, pouzzolanes), réduits en granulats et mêlés au mortier de chaux aérienne, rendent celle-ci hydraulique, c'est-à-dire capable de faire prise à l'abri de l'air.

staff : plâtre moulé armé de fibres, utilisé en planches pour les plafonds ou les coffrages. Il permet aussi la réalisation d'éléments décoratifs moulés destinés à habiller des structures brutes, puis à être peints.

stuc : matériau à base de chaux, plâtre, colles et poudres de pierre imitant les matériaux naturels (pierre ou marbre). Il sert à faire des enduits ou des éléments décoratifs modelés ou moulés. Il peut être poli ou ciré.

tambour : mur de plan circulaire placé sur le cercle obtenu par la construction de pendentifs et permettant de surélever l'assise de la coupole. Percé de fenêtres, il assure l'éclairage de la travée.

tannin : substance amorphe contenue dans le bois, surtout connue pour son aptitude à transformer la peau en cuir. Le tannin du chêne est particulièrement agressif. Il détruit le plomb et tache les pierres. Le « flottage » du bois pratiqué autrefois le purgeait de son tannin. Il est très long à disparaître des bois frais mis en œuvre.

trophée : motif de décoration formé d'armes et d'attributs militaires groupés en panoplie autour d'une cuirasse, d'un casque ou d'un bouclier. Le trophée représente symboliquement les dépouilles de l'ennemi vaincu.

volige : planche mince utilisée plus ou moins jointive pour la réalisation du support de couverture.

voligeage : ensemble des voliges mises en place et clouées sur les chevrons. Le plomb est agrafé sur le voligeage.

ANNEXES

LISTE DES ENTREPRISES, ARTISANS ET ARTISTES AYANT PARTICIPÉ AU CHANTIER

ÉCHAFAUDAGES - Entrepose - Layher - Mills
MAÇONNERIE - Billiez - Chevalier - Lefèvre - Pradeau et Morin
CHARPENTE - Les Charpentiers de Paris
COUVERTURE - Battais - Galozzi - Hory Marçais - Sauvaget - Zell
COUVREUR-ALPINISTE - Là-Haut
SCULPTEURS - Création des statues du lanternon - J.-L. Bouvier - V. Fancelli
   - Réparation des statues de la façade sud - M. Bourbon
   - Sculpture décorative - J. Redlinski et son équipe
FONDEURS - Ateliers de Coubertin - Landowski - Susse
DORURE - Gohard
PEINTURE BÂTIMENT - Peinteco
PARATONNERRE - Pouyet
MÉTALLERIE - Ateliers Saint-Jacques
ÉLECTRICITÉ - ÉCLAIRAGE - Amica - CGEC - Preteux
ANTI-PIGEON - Deranet
GRUE SPÉCIALE - Ponticelli
VITRAUX - Le Chevalier
RESTAURATION DES PEINTURES INTÉRIEURES - Arcoa (J.-A. Vidal)

ÉLÉMENTS DE BIBLIOGRAPHIE

Aviler (Augustin Charles d'), COURS D'ARCHITECTURE, Paris, 1750.
Blondel (Jacques-François), COURS D'ARCHITECTURE, Paris, 1771.
Braham and Smith, FRANÇOIS MANSART, Londres, 1973.
Diderot et d'Alembert, L'ENCYCLOPÉDIE, 1751-1772.
Inventaire général des monuments et des richesses artistiques de la France, L'ARCHITECTURE. MÉTHODE ET VOCABULAIRE, Paris, 1972 ; LA SCULPTURE. MÉTHODE ET VOCABULAIRE, Paris, 1978.
Jestaz (Bertrand), « Jules Hardouin-Mansart et l'église des Invalides », in GAZETTE DES BEAUX-ARTS, 1969.
Musée de l'Armée, LES INVALIDES. TROIS SIÈCLES D'HISTOIRE, 1974.
Pérau (abbé Gabriel), DESCRIPTION HISTORIQUE DE L'HÔTEL ROYAL DES INVALIDES, 1725.
Rondelet (Jean-Baptiste), TRAITÉ THÉORIQUE ET PRATIQUE DE L'ART DE BÂTIR, Paris, 1875.
Souchal (François), FRENCH SCULPTORS OF THE 17TH AND 18TH CENTURIES, 1977 ; LE RÈGNE DE LOUIS XIV, 1987.
Versini (Camille), LES CAHIERS DE L'ACADÉMIE ANQUETIN, 1965-1988.

WORLD MONUMENTS FUND

Le World Monuments Fund, créé en 1965, est une association privée internationale, à but non lucratif, qui consacre son activité à la restauration du patrimoine architectural dans le monde. Son objectif est d'assurer la survie des chefs-d'œuvre de l'art et de l'architecture menacés de ruine ou de disparition. En trente ans, le World Monuments Fund a participé à plus de cent projets importants dans trente-deux pays différents et il joue un rôle de premier plan dans la conservation du patrimoine mondial. Son statut d'association privée lui permet de réagir rapidement et efficacement sur le terrain dans les cas d'urgence.

Les choix du World Monuments Fund se portent principalement sur des monuments d'une importance majeure sur le plan historique et artistique, dont la restauration contribuera de façon significative à la vie culturelle locale et à une meilleure compréhension du patrimoine commun à toute l'humanité.

L'intervention du World Monuments Fund peut être de nature financière aussi bien que technique ; pour certains programmes, cela peut aller de la réalisation des études préalables au suivi des travaux jusqu'à leur achèvement.

Les principaux objectifs du World Monuments Fund sont : sauvegarder pour les générations à venir des témoins des différentes cultures et du patrimoine mondial, éduquer et former des jeunes aux métiers de la restauration, informer et alerter l'opinion publique sur la nécessité de préserver les monuments.

Au plan mondial, le World Monuments Fund est dirigé par un Conseil d'administration responsable de la stratégie globale et du développement des activités. Chaque année le Conseil donne son avis à la fois sur le lancement de nouveaux projets et sur la poursuite des anciens programmes. Chaque administrateur contribue régulièrement au fonctionnement et aux activités de l'association. En 1995, le président du Conseil d'administration est le docteur Marilyn Perry. Le Conseil comprend dix-neuf membres de différentes nationalités, parmi lesquels on peut compter J. Carter Brown, directeur Emeritus de la National Gallery of Art de Washington, Paolo Viti, directeur des affaires culturelles de Fiat, Bertrand du Vignaud, vice-président de Christie's France ; Bonnie Burnham est directeur exécutif.

Fondations, entreprises et personnes privées contribuent aux activités du World Monuments Fund. De plus, pour asseoir le développement, un réseau mondial d'associations nationales affiliées a été mis en place depuis 1989. L'objectif de ces associations est de regrouper des représentants du monde des affaires et des personnalités du monde culturel, et de trouver des sources de financement local pour soutenir leurs programmes. Ces associations autonomes qui participent au choix des projets nationaux sont dotées d'un statut adapté à la réglementation locale, qui permet aux mécènes de bénéficier des avantages fiscaux propres à chaque pays. Ainsi des associations affiliées ont été fondées en France, en Italie, au Mexique, en Espagne, au Portugal et en Grande-Bretagne.

Pour le World Monuments Fund France, association française affiliée, la restauration des fresques de la coupole des Invalides a été le projet fondateur à l'initiative de sa présidente, madame Vari. Ce premier pas pour la sauvegarde du patrimoine français a permis au

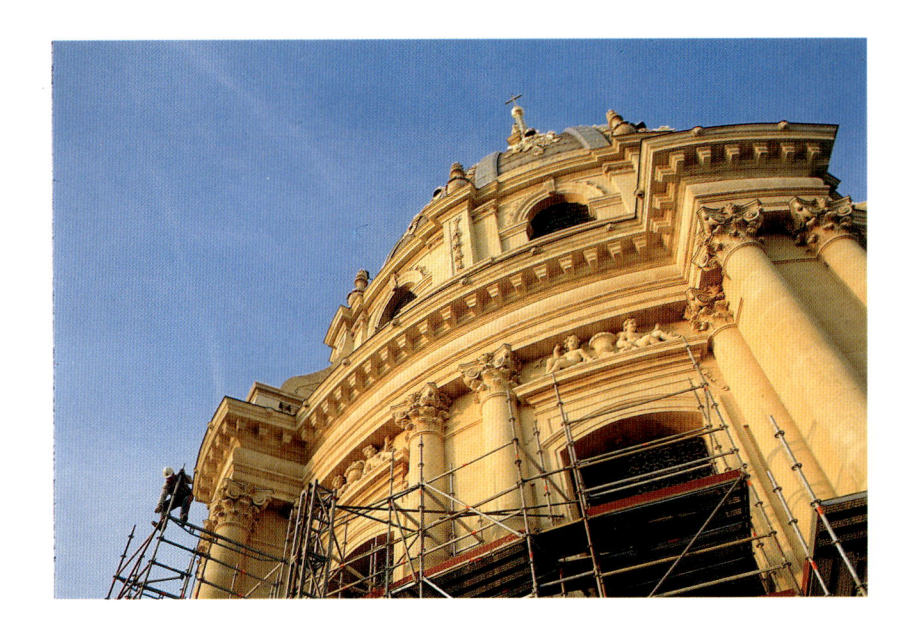

World Monuments Fund France de s'engager ensuite dans de nouveaux programmes de restauration : portail de la primatiale Saint-Trophime d'Arles, château de Commarque en Dordogne et aujourd'hui potager du Roy à Versailles, sous l'impulsion de Hubert de Givenchy, l'actuel président du World Monuments Fund France.

Le rôle du World Monuments Fund dans la restauration a été principalement celui d'un catalyseur pour rassembler une partie des fonds nécessaires. Des fondations (fondation Florence Gould et fondation Hélène et Georges Vari), des entreprises et des personnes privées se sont associées à ce projet.

Il faut également souligner la participation très importante du Conseil supérieur du mécénat culturel qui a apporté sa caution au projet dès le départ.

La fondation Samuel H. Kress, créée en 1929, a été l'un des principaux mécènes pour la culture aux États-Unis. Pendant les trente premières années de son histoire, la fondation s'est consacrée à collecter des chefs-d'œuvre de l'art européen, qui furent légués en 1961 à cinquante galeries et musées américains. Aujourd'hui la fondation Kress apporte son soutien à la recherche sur l'histoire et à la conservation de l'art occidental, de l'Antiquité au début du XIXe siècle.

La collaboration entre la fondation Kress et le World Monuments Fund s'est établie en 1970, quand la fondation Kress a entrepris de soutenir en Europe d'importants projets de restauration gérés par le World Monuments Fund. Parmi ces projets, on compte notamment la restauration d'églises à Venise, Bologne, Spolète et Tolède, la création du laboratoire de la Miséricorde pour la recherche en conservation à Venise et la rénovation et l'adaptation à un nouvel usage du couvent de la Coria à Trujillo en Espagne. En 1986 a été lancé, sous les auspices du World Monuments Fund, le programme européen de conservation de la fondation Kress. À travers ce programme, la fondation apporte chaque année son soutien à des projets de restauration d'œuvres d'art ou de monuments. En 1990, la fondation Kress a resserré ses liens avec le programme européen du World Monuments Fund en devenant son premier sponsor.

La publication de cet ouvrage a été possible grâce au soutien financier de la fondation Samuel H. Kress.

« Le dôme des Invalides – un chef-d'œuvre restauré »
à travers les photographies de François Poche

Exposition organisée par :
Jacques Perot, conservateur général du Patrimoine
directeur du musée de l'Armée
André Bendjebbar, commissaire, chef du service culturel
et pédagogique du musée de l'Armée

Les organisateurs tiennent à remercier particulièrement :
le général d'armée Michel Guignon, gouverneur militaire
de Paris, commandant militaire de l'Île-de-France
le général d'armée (c.r.) Maurice Schmitt, gouverneur
des Invalides
le général (c.r.) André Cousine, délégué au Patrimoine
de l'Armée de terre
le SIRPA sous l'autorité du colonel de Corta et l'ECPA sous
la responsabilité du C.V. Jannot
le musée national des Techniques, Mme D. Ferriot, directeur
Mme Picard, responsable du département gestion
des collections
le musée de la Monnaie de Paris

Au sein du musée de l'Armée, ont participé plus
particulièrement à la préparation de l'exposition et de
la publication :

Administration - Finances :
Mireille Dongier, secrétaire générale du musée de l'Armée
Danielle Thibault, agent comptable du musée de l'Armée

Service culturel et pédagogique :
Sylvie Picolet, assistante du commissaire de l'exposition
Claude Banar, Cédric Boissière, Benoît Chevrier, Richard
Cloué, Olivier Podevins, Pierre Serne, Jean-Pierre Veron,
assistants

Communication :
Nicolas Botta-Kouznetzoff, chargé de communication
Martine Hernu, attachée de presse
Véronique Vallade, assistante

Archives photographiques :
Aleth Depaz, responsable du service
Lucien Lemœuf, Christian Moutarde

Ateliers :
Gilbert Hinault (armurerie), Christian Lagrive (tapisserie)
Anne Moll (encadrement)
Raymond Germain et son équipe de casernement
Dominique Garnier (peinture), Yannick Boulbin (électricité)
Jean-Pierre Leproux et Stéphane Boudet (menuiserie)

Sécurité et maintenance :
Jean-Jacques Monté, chef du service, et son personnel
de l'équipe d'entretien

Ont également apporté leur aide précieuse :

Publication et manifestations :
ouvrage coédité par les Éditions d'art Somogy avec le soutien
de la Société des amis du musée de l'Armée et réalisé avec
l'aide du World Monuments Fund présidé par Hubert
de Givenchy, assisté d'Isabelle de Broglie, vice-présidente.
Participation des ministères de la Culture et de la Défense,
ainsi que de l'atelier Gohard, de la société SEA, du colonel
Messe et de M. Guilmain de l'EIAT4 et de toutes les entreprises
participant aux journées des métiers des 10 et 11 juin 1995.

Déclinaison visuelle et scénographique :
Franck Boyer, Bruno Laurent
(Agence Repères-Communication)

Filmographie :
Pierre Pochet, OR ET SOLEIL SUR PARIS
ECPA, LES STATUES NAISSENT AUSSI

Toutes les photographies sont de François Poche

Crédit d'illustration
Archives J.-C. Rochette : p. 8, 22, 24-25, 27, 30, 43
Archives musée de l'Armée : p. 16, 17, 18, 19

Photogravure : Laserpunt, Barcelone
Flashage : Logostyle, Paris

Achevé d'imprimer en mai 1995 sur les presses de la Milano Stampa
à Farigliano, Italie
Dépôt légal : 2e trimestre 1995

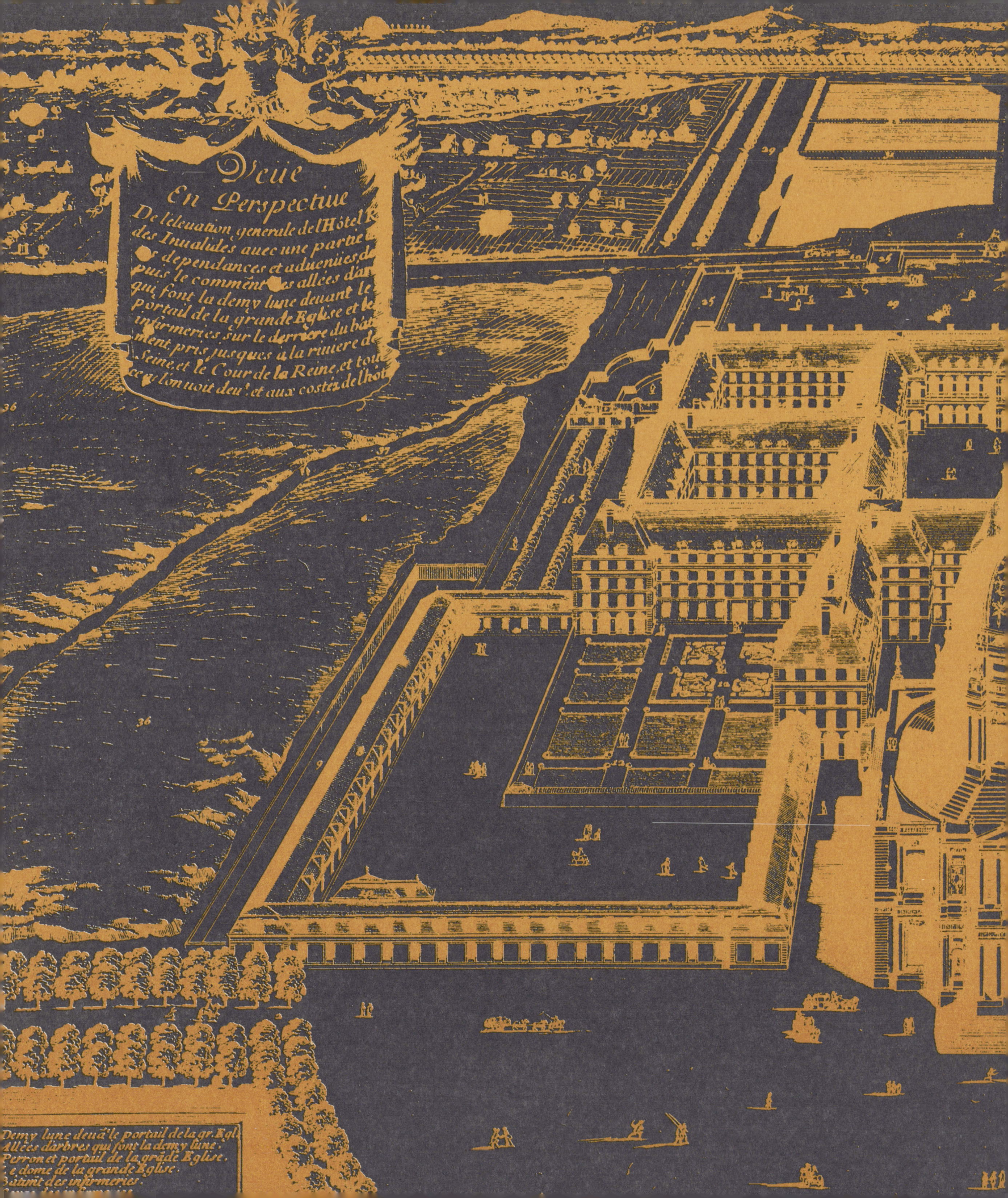